财务会计与管理研究

CAIWU KUAIJI YU GUANLI YANJIU

王暖青 刘文秀 景世中◎著

本书是财务会计方向的书籍
研究财务会计与管理
财务会计管理的概念
财务会计管理的目标与环节
财务会计管理的环境分析

论述严谨结构合理
条理清晰，内容丰富

对财务会计与管理研究
有一定的借鉴意义

财务会计货币资金与存货
财务会计资产与投资管理
财务会计负债与所有者权益管理
财务会计收入、费用与利润以及财务会计报表编制

中国出版集团
中译出版社

图书在版编目(CIP)数据

财务会计与管理研究 / 王暖青，刘文秀，景世中著 . 北京：中译出版社，2024. 6. -- ISBN 978-7-5001-7985-6

Ⅰ. F234. 4；F234. 3

中国国家版本馆 CIP 数据核字第 2024BY7791 号

财务会计与管理研究

CAIWU KUAIJI YU GUANLI YANJIU

著　　者：王暖青　刘文秀　景世中
策划编辑：于　宇
责任编辑：于　宇
文字编辑：田玉肖
营销编辑：马　萱　钟筱童
出版发行：中译出版社
地　　址：北京市西城区新街口外大街 28 号 102 号楼 4 层
电　　话：（010）68002494（编辑部）
邮　　编：100088
电子邮箱：book@ctph. com. cn
网　　址：http://www. ctph. com. cn

印　　刷：北京四海锦诚印刷技术有限公司
经　　销：新华书店
规　　格：710 mm × 1000 mm　1/16
印　　张：14. 25
字　　数：231 千字
版　　次：2025 年 3 月第 1 版
印　　次：2025 年 3 月第 1 次印刷

ISBN 978-7-5001-7985-6　　定价：68. 00 元

中 译 出 版 社

前 言

社会中占主导地位的产业形态的不同，决定了社会经济形态的不同。新经济是一种新的经济形态，在不同的历史发展阶段具有不同的内涵。当前新经济是指创新性知识占主导、创意产业成为龙头产业的智慧型经济形态。在新经济发展中，信息技术革命发挥了巨大的作用，制度创新推动了社会经济的大发展。在这样的历史大背景中，企业采取何种措施加以应对成了需要认真思考的问题，而企业中的财务管理与会计工作是企业生存发展中的关键环节。科学、合理、有效的财务管理以及精准高效的会计工作，有助于企业在新经济时代有条不紊地向前发展，获得更大的利益，同时创造更大的社会价值。

财务管理是现代企业管理中的核心内容之一。研究企业资金运动的规律性，实现企业价值最大化的经营目标，是企业财务管理的根本任务。随着我国经济体制的改革，企业投融资渠道日益多元化，金融市场日益完善，金融工具不断创新，特别是现代通信技术和互联网的快速发展，企业财务管理环境发生了重大的变化，中国企业也在不断成长，新的财务管理理念层出不穷，这不仅给财务管理学科带来了前所未有的挑战，也给财务管理理论的研究提出了许多新的课题。

本书是财务会计方向的书籍，主要研究财务会计与管理。本书从财务会计管理介绍入手，针对财务会计管理的概念、财务会计管理的目标与环节、财务会计管理的环境进行了分析研究；另外，对财务会计货币资金与存货、财务会计资产与投资管理、财务会计负债与所有者权益管理做了一定的介绍；还剖析了财务会计收入、费用与利润以及财务会计报表编制等内容。本书力求论述严谨、结构合理、条理清晰、内容丰富，希望对财务会计与管理研究有一定的借鉴意义。

为了确保本书内容的丰富性和多样性，作者在写作过程中参考了大量理论与研究文献，在此向有关专家学者表示衷心的感谢。由于作者水平有限，加之时间仓促，本书难免存在一些疏漏之处，恳请读者朋友批评指正。

目　录

第一章　财务会计管理

第一节　财务会计管理的概念

任何企业的生产经营活动，都离不开人力、资金、物资与信息等各项生产经营要素，生产经营活动可以分为业务活动和财务活动两方面，与之对应的，在企业中必然存在两种基本管理活动，即生产经营管理和财务会计管理。企业财务是指企业生产经营过程中的资金运动及其所体现的财务关系。财务会计管理是组织企业财务活动，处理财务关系的一项经济管理工作。理解企业财务会计管理的基本概念，还必须了解资金运动、财务活动及财务关系等相关概念。

一、财务会计管理的内容

公司的基本活动是从资本市场上筹集资本，投资于生产性经营资产，并运用这些资本进行生产经营活动。因此，公司的基本活动可以分为投资、筹资和营业活动三个方面，财务管理主要与投资和筹资有关。

从财务管理角度看，投资可以分为长期投资和短期投资，筹资也可以分为长期筹资和短期筹资，这样财务管理的内容可以分为以下四个部分：长期投资、短期投资、长期筹资、短期筹资。由于短期投资和短期筹资有密切关系，通常合并在一起讨论，称为营运资本管理（或短期财务管理）。

（一）长期筹资管理

长期筹资是指公司筹集生产经营所需要的长期资本。它具有以下特点：

1. 筹资的主体是公司

公司是有别于业主的独立法人。它可以在资本市场上筹集资本，同时承诺提供回报。企业可以直接在资本市场上向潜在的资本所有权人融资，如发行股票、债券等；也可通过金融机构间接融资，如向银行借款等。

2. 筹资的对象是长期资本

长期资本是指企业可长期使用的资本，包括权益资本和长期负债资本。权益资本不需要归还，企业可以长期使用，属于长期资本。长期借款和长期债券虽然需要归还，但是可以持续使用较长时间，也属于长期资本。习惯上把一年以上的债务称为长期债务资本。

长期筹资还包括股利分配。股利分配决策同时也是内部筹资决策。净利润是属于股东的，应该分配给他们，留存一部分收益而不将其分给股东，实际上是向现有股东筹集权益资本。

3. 筹资的目的是满足公司的长期资本需要

筹集多少长期资本应根据长期资本的需要量确定，两者应当匹配。按照投资持续时间结构去安排筹资时间结构，有利于降低利率风险和偿债风险。如果使用短期债务支持固定资产购置，短期债务到期时企业要承担出售固定资产偿债的风险。使用长期债务支持长期资产，可以锁定利息支出，避免短期利率变化的风险。

长期筹资决策的主要问题是资本结构决策和股利分配决策。长期债务资本和权益资本的特定组合，称为资本结构。债务资本和权益资本有很大不同，企业必须对它们进行权衡，确定适宜的长期负债/权益比。这个比例决定了企业现金流中有多大比例流向债权人，以及有多大比例流向股东。资本结构决策是最重要的筹资决策。股利分配决策，主要是决定净利润留存和分给股东的比例，也是一项重要的筹资决策。

（二）长期投资管理的特征

这里的长期投资，是指公司对经营性长期资产的直接投资。它具有以下特征：

1. 投资的主体是公司

公司投资不同于个人或专业投资机构的投资。公司投资是直接投资，即现金直接投资于经营性（或称生产性）资产，然后用其开展经营活动并获取现金。个人或专业投资机构是把现金投资于企业，然后企业用这些现金再投资于经营资产，属于间接投资。直接投资的投资人（公司）在投资以后继续控制实物资产，因此，可以直接控制投资回报；间接投资的投资人（公司的债权人和股东）在投资以后不直接控制经营性资产，因此，只能通过契约或更换代理人间接控制投资回报。

2. 投资的对象是经营性资产

经营性资产包括建筑物、厂房、机器设备、存货等。经营性资产投资有别于金融资产投资。金融资产投资的对象主要是股票、债券、各种衍生金融工具等，习惯上也称为证券投资。经营资产和证券投资的分析方法不同，前者的核心是净现值原理，后者的核心是投资组合原理。

经营性资产投资的对象，包括固定资产和流动资产两类。固定资产投资的现金流出至现金流入的时间超过一年，属于长期投资；流动资产投资的现金流出至现金流入的时间不超过一年，属于短期投资。长期投资和短期投资的原则、程序和方法有较大区别，因此要分别讨论。

3. 长期投资的直接目的是获取经营活动所需要的实物资源

长期投资的直接目的不是获取固定资产的再出售收益，而是要使用这些固定资产。有的企业也会投资于其他公司，主要目的是控制其经营和资产以增加本企业的价值，而不是为了获取股利。

公司对于子公司的股权投资是经营性投资，目的是控制其经营，而不是期待再出售收益。合并报表将这些股权投资抵消，可以显示其经营性投资的本来面目。对子公司投资的评价方法，与直接投资经营性资产相同。对于合营企业和联营企业的投资也属于经营性投资，其分析方法与直接投资经营性资产相同。非金融企业长期持有少量股权证券或债券，在经济上缺乏合理性，没有取得正的净现值的依据，不如让股东自己去投资，还可以节约一些交易成本。有时企业也会购买一些风险较低的证券，将其作为现金的替代品，其目的是在保持流动性的前提下降低闲置现金的机会成本，或者对冲汇率、利率等金融风险，并非真正意义上的证券投资行为。

长期投资涉及的问题非常广泛，财务经理主要关心其财务问题，也就是现金流量的规模（期望回收多少现金）、时间（何时回收现金）和风险（回收现金的可能性如何）。长期投资现金流量的计划和管理过程，称为资本预算。

（三）营运资本管理

营运资本是指流动资产和流动负债的差额。

营运资本管理分为营运资本投资和营运资本筹资两部分。营运资本投资管理主要是制定营运资本投资政策，决定分配多少资本用于应收账款和存货、决定保留多少现金以备支付，以及对这些资本进行日常管理。营运资本筹资管理主要是制定营运资本筹资政策，决定向谁借入短期资本、借入多少短期资本、是否需要采用赊购融资等。

营运资本管理的目标有以下三个：第一，有效地运用流动资产，力求其边际收益大于边际成本；第二，选择最合理的筹资方式，最大限度地降低营运资本的资本成本；第三，加速流动资本周转，以尽可能少的流动资本支持同样的营业收入并保持公司支付能力。

营运资本管理与营业现金流有密切关系。由于营业现金流的时间和数量具有不确定性，以及现金流入和流出在时间上不匹配，使得公司经常会出现现金流缺口。公司配置较多的营运资本，有利于减少现金流的缺口，但会增加资本成本；如果公司配置较少的营运资本，有利于节约资本成本，但会增加不能及时偿债的风险。因此，公司需要根据具体情况权衡风险和报酬，制定适当的营运资本政策。

上述三部分内容中，长期投资主要涉及资产负债表的左方下半部分的项目，这些项目的类型和比例往往会因公司所处行业不同而有差异；长期筹资主要涉及资产负债表的右方下半部分的项目，这些项目的类型和比例往往会因企业组织的类型不同而有差异；营运资本管理主要涉及资产负债表的上半部分的项目，这些项目的类型和比例既和行业有关，也和组织类型有关。这三部分内容是相互联系、相互制约的。筹资和投资有关，一方面，投资决定需要筹资的规模和时间；另一方面，公司已经筹集到的资本制约了公司投资的规模。投资和经营有关系，一方面，生产经营活动的内容决定了需要投资的长期资产类型；另一方面，已经取得的长期资产决定了公司日常经营活动的特点和方式。长期投资、长期筹资和营运资本管理的最终目的，都是增加企业价值。

二、财务会计管理原则

财务会计管理的原则是企业财务会计管理工作必须遵循的准则。它是从企业理财实践中抽象出来的并在实践中证明是正确的行为规范，它反映着理财活动的内在要求。企业财务会计管理的原则一般包括如下内容：

（一）货币时间价值原则

在践行货币时间原则的过程中，要积极落实切实有效的控制机制，将货币时间价值作为财务管理工作的基本概念，从而有效地优化财务决策全过程。在时间推移的基础上，实现货币增值的目标。也就是说，企业在从事财务活动的同时，为了进一步落实资金流管理机制，要对货币时间价值不同时间点的资金流展开折算处理，落实决策取舍工作。

（二）系统性原则

系统性原则包括整体观点、关联观点、环境适应性观点和发展观点。其中，整体观点要求财务管理从整体入手、统筹兼顾、各方协调，实现企业收益的最大化；关联观点是指在财务理论的创新过程中，必须建立企业各部门之间的有机联系，达到目标统一、方法合理的目的；环境适应性是指创新的财务管理理论必须适应全球经济一体化和市场经济的大环境；发展观点则是指创新时必须具有一定的前瞻性，以适应我国将来经济形势变化的需要。

（三）批判与继承相结合原则

我国计划经济时代的财务管理理论体系，已经不适应新时代市场经济快速健康合理的发展需要。但是其中包含的马克思主义思想、辩证唯物主义的世界观和方法论，以及我国传统文化思想中的理财思想和理财经验，却是新时代财务管理理论创新过程中应该继承和发扬的。因此，要以批判与继承相结合的原则为指导思想，合理处置一些整体上不能适应市场经济发展要求的财务管理理论，对于那些仍具有先进性和实用性的具体方法，给予应有的保留。

（四）吸收国外先进思想与中国国情相结合原则

现代企业的财务管理理论起源于西方的资本主义经济体制，经过不断的发展与完善，形成了市场经济体制下的现代财务管理理论。而我国虽然经过了 40 年的改革开放，但现有的市场经济体制尚未成熟，盲目地照搬西方资本主义国家的财务管理理论，并不能对我国的企业财务管理实践产生有益的作用。所以，在进行财务管理理论创新时，要做到兼收并蓄，发现西方财务管理理论中的精华，结合我国的经济发展实情，建立中国特色社会主义的现代企业财务管理理论。

（五）风险、成本和收益均衡原则

财务主体在财务活动建立和运行过程中，要衡量财务主体风险要素、成本要素以及收益关系等，在增加收益的同时，减少成本的损耗。也就是说，在收益相同的条件下要集中选择方案，选择风险较小且收益较高的项目。

（六）利益关系协调原则

企业是由各种利益集团组成的经济联合体。这些经济利益集团主要包括企业的所有者、经营者、债权人、债务人、国家税务机关、消费者、企业内部各部门和职工等。利益关系协调原则要求企业协调、处理好与各利益集团的关系，切实维护各方的合法权益，将按劳分配、按资分配、按知识和技能分配、按绩分配等多种分配要素有机结合起来。只有这样，企业才能营造一个内外和谐、协调的发展环境，充分调动各有关利益集团的积极性，最终实现企业价值最大化的财务会计管理目标。

第二节　财务会计管理的目标与环节

一、财务会计管理的目标

财务会计管理的目标是指导向和标准。没有明确的目标，就无法判断一项决策的优劣。财务管理的目标决定了它所采用的原则、程序和方法。因此，财务管理的目标是建立财务管理体系的逻辑起点。

（一）企业财务会计管理目标

公司财务管理的基本目标取决于公司的目标。投资者创立公司的目的是盈利。已经创立起来的企业，虽然有改善职工待遇、改善劳动条件、扩大市场份额、提高产品质量、减少环境污染等多种目标，但盈利是其最基本、最一般、最重要的目标。盈利不但体现了公司的出发点和归宿，而且可以概括其他目标的实现程度，并有助于其他目标的实现。最具综合性的计量是财务计量。因此，公司目标也称为公司的财务目标。在本书的论述中，把财务管理目标、财务目标和公司目标作为同义语使用。关于公司目标的表达，主要有以下三种观点：

1. 企业财务会计管理目标的种类

（1）利润最大化

利润最大化的观点认为，利润代表了企业新创造的财富，利润越多则说明企业的财富增加得越多，越接近企业的目标。利润最大化的观点有其局限性，主要表现在以下三个方面：

①没有考虑利润的取得时间

例如今年获利 100 万元和明年获利 100 万元，如何判断企业目标的实现结果？在这种情况下若不考虑货币的时间价值，就难以做出正确的判断。

②没有考虑所获利润和所投入资本额的关系

例如同样获得 100 万元利润，一个企业投入资本 500 万元，另一个企业投入 600 万元，若不与投入的资本数额联系起来，就难以做出正确的判断。

③没有考虑获取利润和所承担风险的关系

例如同样投入 500 万元，本年获利 100 万元，一个企业获利已全部转化为现金，另一个企业获利则全部是应收账款，并可能发生坏账损失，在这种情况下，若不考虑风险大小，就难以做出正确的判断。

如果投入资本相同、利润取得的时间相同、相关的风险也相同，利润最大化是一个可以接受的观念。事实上，许多经理人员都把提高利润作为公司的短期目标。

（2）企业价值最大化

企业价值最大化是指通过企业财务的合理科学经营、采用最优的财务政策、充分平衡资金与风险和价值之间的关系等，在保证企业持续稳定发展的基础上，使得企业的总价值能够达到最大化。企业价值不仅是指企业的账面资产总价值，更是指企业全部财产的市场价值，其中也体现了企业预期以及潜在的盈利能力。现代企业中对于承担经营风险不再是股东一人承担，其中企业员工、债权人、政府都承担了不同程度的风险，所以，就现代企业的经营发展而言，其责任也更加重大，在财务管理中要注重各方的经济利益。因此，企业在制定财务管理目标时，要注重企业价值最大化，借助企业财务方面的科学化管理，通过最佳财务政策，并充分考虑风险的价值等，以此来实现企业价值最大化目标。

（3）股东财富最大化

股东财富最大化就是借助合理的经营管理和财务管理，最大可能地为企业股东带来更多的财富。我国企业中一般都是股份制企业，各个企业中的股东数量、投资额度、决策权力都不一样，但是企业中的每一个股东都希望能够获得更大的财富。在企业中，股东的财富往往是根据股东所持有的股票数量以及股票市场价格而定的，如果股东持有的股票数量较多，而股票的价格较高，那么股东的财富也会达到最大，股东的持股数量、股票价值、财富之间成正比。所以说，实现股东财富最大化就需要最大限度地提高股票价值。企业中财务管理将股东财富最大化作为一项目标，也可以有效地克服企业利润追求中的短期行为。

2. 企业财务会计管理目标优缺点总结

对以上三种财务会计管理目标进行总结，可得出表1-1。

表1-1　企业财务会计管理总体目标一览表

目标	利润最大化	股东财富最大化	企业价值最大化
优点	体现企业经济效益的高低对投资者、债权人、经营者和职工都是有利的，利润指标在实际应用时比较简便	考虑了风险因素在一定程度上能够克服企业在追求利润上的短期行为，容易量化，便于考核和奖惩	考虑了时间价值和风险因素兼顾了股东以外其他关系人的利益，克服了企业在追求利润上的短期行为，有利于实现社会资源合理配置

续表

目标	利润最大化	股东财富最大化	企业价值最大化
缺点	没有考虑资金的时间价值，没能有效地考虑风险问题使企业财务决策带有短期行为的倾向，只考虑当前利润，而不顾企业的长远发展	只适合上市公司，对非上市公司则很难适用；只强调股东的利益，对企业其他关系人的利益重视不够，股票价格可能不能准确地体现股东财富	法人股东对股票价值的兴趣不够、实际应用有困难、企业的实际价值无法通过市场价值真正体现
依据	税后利润总额最大化	最大限度地谋求股东或委托人的利益	企业总价值的最大化

（二）不同利益主体财务会计管理目标的矛盾与协调

企业从事财务会计管理活动，必然发生企业与各个方面的经济利益关系，在企业财务关系中最为重要的关系是所有者、经营者与债权人之间的关系。企业必须处理、协调好这三者之间的矛盾与利益关系。

1. 所有者与经营者的矛盾与协调

（1）所有者与经营者的矛盾

由于两者行为目标不同，必然导致经营者和所有者的冲突，即经理个人利益最大化和股东财富最大化之间的矛盾。经理个人有可能为了自身的利益而背离股东的利益。这种背离主要有以下两种表现：

①道德风险

经营者为了自己的目标，不是尽最大努力去实现企业的目标。他们没有必要为提高股价而冒险，股价上涨的好处将归于股东，附加下跌，他们的“身价”将下跌。他们不做什么错事，只是不十分卖力，以增加自己的闲暇时间。这样做不构成法律和行政责任问题，而只是道德问题，股东很难追究他们的责任。

②逆向选择

经营者为了自己的目标而背离股东的目标。例如装修豪华的办公室，购置高档汽车等；借口工作需要乱花股东的钱；或者蓄意压低股票价格，自己借款买回，导致股东财富受损等。

（2）所有者与经营者协调合作

为了协调所有者与经营者的矛盾，防止经理背离股东目标，一般有以下两种方法：

①监督

经营者背离股东目标的前提条件是双方信息不对称，经营者了解的企业信息比股东多。避免“道德风险”和“逆向选择”的方式是股东获取更多的信息，对经营者进行监督，在经营者背离股东目标时，减少其各种形式的报酬，甚至解雇他们。

全面监督实际上是行不通的，因为股东是分散的或者远离经营者，得不到充分的信息；经营者比股东有更大的信息优势，比股东更清楚什么是对企业更有利的行动方案；全面监督管理行为的代价是高昂的，很可能超过它所带来的收益。因此，股东支付审计费聘请注册会计师，往往限于审计财务报表，而不是全面审查所有管理行为。股东对情况的了解和对经营者的监督总是必要的，但受到监督成本的限制，不可能事事都监督。监督可以减少经营者违背股东意愿的行为，但不能解决全部问题。

②激励

防止经营者背离股东利益的另一种途径是采用激励计划，使经营者分享企业增加的财富，鼓励他们采取符合股东利益最大化的行动。例如企业盈利率或股票价格提高后，给经营者以现金、股票期权奖励。支付报酬的方式和数量大小有多种选择：报酬过低，不足以激励经营者，股东不能获得最大利益；报酬过高，股东付出的激励成本过大，也不能实现自己的最大利益。因此，激励可以减少经营者违背股东意愿的行为，但也不能解决全部问题。

通常，股东同时采取监督和激励两种方式来协调自己和经营者的目标。尽管如此，仍不可能使经营者完全按股东的意愿行动，经营者仍然可能采取一些对自己有利而不符合股东利益最大化的决策，并由此给股东带来一定的损失。监督成本、激励成本和偏离股东目标的损失之间，此消彼长、相互制约。股东要权衡轻重，力求找出能使三项之和最小的解决办法。

2. 所有者与债权人的矛盾与协调

当公司向债权人借入资本后，两者也形成一种委托代理关系。债权人把资本借给企业，要求到期时收回本金，并获得约定的利息收入；公司借款的目的是用于扩大经营，投入有风险的经营项目，两者的利益并不完全一致。

债权人事先知晓借出资本是有风险的，并把这种风险的相应报酬纳入利率。通常要考虑的因素包括公司现有资产的风险、预计公司新增资产的风险、公司现有的负债比率、公司未来的资本结构等。

但是，借款合同一旦成为事实，资本提供给公司，债权人就失去了控制权，股东可以通过经营者为了自身利益而伤害债权人的利益，可能采取的方式有以下两种：

第一，股东不经债权人的同意，投资于比债权人预期风险更高的新项目。如果高风险的计划侥幸成功，超额的利润归股东独享；如果计划不幸失败，公司无力偿债，债权人与股东将共同承担由此造成的损失。尽管按法律规定，债权人先于股东分配破产后的财产，但多数情况下，破产后的财产不足以偿债。所以，对债权人来说，超额利润肯定拿不到，却有可能要分担发生的损失。

第二，股东为了提高公司的利润，不征得债权人的同意而指使管理当局发行新债，致使旧债券的价值下降，使旧债权人蒙受损失。旧债券价值下降的原因是发新债后公司负债比率加大，公司破产的可能性增加。如果公司破产，旧债权人和新债权人要共同分配破产后的财产，使旧债券的风险增加，其价值下降。尤其是不能转让的债券或其他借款，债权人不能出售债权摆脱困境，处境更加不利。

债权人为了防止其利益被伤害，除了寻求立法保护，如破产时优先接管、优先于股东分配剩余财产等外，通常采取以下措施：一是在借款合同中加入限制性条款，如规定贷款的用途、规定不得发行新债或限制发行新债的规模等；二是发现公司有损害其债权的意图时，拒绝进一步合作，不再提供新的贷款或提前收回贷款。

除债权人外，与企业经营者有关的各方都与企业有合同关系，都存在利益冲突和限制条款。企业经营者若侵犯职工雇员、客户、供应商和所在社区的利益，都将影响企业目标的实现。所以说，企业是在一系列限制条件下实现企业价值最大化的。

二、财务会计管理的环节

财务会计管理环节是为了实现财务会计管理目标、完成财务会计管理任务，在进行理财活动时所采用的各种技术和手段。财务会计管理共有以下五个基本环节：财务预测、财务决策、财务计划、财务控制、财务分析。这些环节紧密联系、相互配合，构成了完整的财务会计管理工作体系。

（一）财务预测

现代企业的财务会计管理要求企业将从前的事后反映和监督改变为事前预测与决策。财务预测就是在事前对有利因素与不利因素进行合理的估计，进而克服企业财务活动的盲目性，为未来发展明确方向。财务预测属于企业对财务会计管理工作进行的事前预测范畴。

1. 财务预测的含义

财务预测是根据财务活动的历史资料，考虑现实的要求和条件，对未来的财务活动和财务成果做出科学的预计和测算。财务预测的目的是：测算企业投资、筹资各项方案的经济效益，为财务决策提供依据，预计财务收支的发展变化情况，为编制财务计划服务。

财务预测按预测对象分为投资预测和筹资预测；按预测时期可分为长期预测和短期预测；按预测值多寡分为单项预测和多项预测。财务预测的常用方法主要有时间序列预测法、相关因素预测法、概率分析预测法。

2. 财务预测的流程

预测的工作流程一般包括如下三个方面，如表 1–2 所示。

表 1-2　财务预测的工作流程

工作项目	工作流程	操作要求
财务预测	明确预测的对象和目的	根据企业管理决策的需求来确定
	收集和整理有关信息资料	对国内外经济市场环境、本企业资料、同行业资料等进行加工处理
	选用特定的预测方法进行预测	采用定性、定量等预测方法进行预测，并得出预测结果

3. 财务预测的方法

近年来，由于预测越来越受到重视，预测方法的发展也很快。显然，在预测时应根据具体情况有选择地利用这些方法。现将财务会计管理中常用的预测方法概述如下：

（1）定性预测法

定性预测法主要是利用直观材料，依靠个人经验的主观判断和综合分析能力，对事物未来的状况和趋势做出预测的一种方法。

（2）定量预测法

定量预测法是根据变量之间存在的数量关系（如时间关系、因果关系）建立数学模型来进行预测的方法。

（二）财务决策

在用特定方法进行了科学的预测之后，就要进行财务决策，也就是对财务预测的方案进行过滤筛选，最终确定最优的方案。

1. 财务决策的概念和步骤

财务决策是对财务方案进行比较、选择，并做出决定。财务决策的目的在于确定合理、可行的财务方案。在现实中，财务方案有投资方案、筹资方案，还有包含投资和筹资的综合方案。

财务决策需要有财务决策的基础和前提，是对财务预测结果的分析与选择，财务决策是多标准的综合决策，可能既有货币化、可计量的经济标准，又有非货币化、不可计量的非经济标准，因此，决策方案往往是多种因素综合平衡的结果。

财务决策一般包括如下一些流程，如表 1–3 所示。

表 1–3　财务决策的工作流程

工作项目	工作流程	工作内容
财务决策	拟定决策目标	根据财务预测的信息提出问题、收集资料，为决策做准备
	确定备选方案	分析各备选方案的利弊，研究方案的可行性
	分析、评价、对比各种方案	结合各种因素综合分析、评价、对比各方案的可行性
	拟定择优标准，选择最优方案	确定评价标准，从中选出最优方案

2. 财务决策的方法

财务决策的方法主要有以下两类：一类是经验判断法，是根据决策者的经验来判断选择，常用的方法有淘汰法、排队法、归类法等；另一类是定量分析方法，常用的方法有优选对比法、数学微分法、线性规划法、损益决策法等。

（三）财务计划

在做出科学的财务决策之后，企业必须对已经选择的决策方案进行细致、全面的计划，以便能更好地实现企业目标。

1. 财务计划的概念

财务计划是在一定的计划期内以货币形式反映生产经营活动所需要的资金及其来源、财务收入和支出、财务成果及其分配的计划。财务计划是以财务决策确立的方案和财务预测提供的信息为基础来编制的，是财务预测和财务决策的具体化，是控制财务活动的依据。

2. 财务计划的流程

财务计划的编制过程，实际上就是确定计划指标，并对其进行平衡的过程。一般包括如下一些流程，如表 1–4 所示。

表 1-4 财务计划的工作流程

工作项目	工作流程	具体操作
财务计划	分析主、客观条件，全面安排计划指标	根据国家宏观产业政策、企业自身生产经营计划、企业生产能力等，综合分析相关因素，科学确定相关指标
	安排生产要素，实现综合平衡	对企业的人力、物力、财力进行科学的安排，制定和修订各项定额，组织资金的综合平衡，保证计划指标的落实
	调整各种指标，编制计划表格	以平均现金的定额为基础，确定计划指标，编制财务计划表，并检查各项指标之间是否平衡协调

（四）财务控制

企业制订的财务计划想要得以顺利执行，就要依靠财务控制。财务控制是财务会计管理基础性和经常性的工作，是实现财务计划、执行财务制度的基本手段。

1. 财务控制的概念和流程

财务控制是指在财务会计管理过程中，利用有关信息和特定手段，对企业的财务活动施加影响或调节，以便实现计划所规定的财务目标。

财务控制是财务计划的具体实施阶段，具体流程如表 1-5 所示。

表 1-5 财务控制的工作流程

工作项目	工作流程	具体操作
财务控制	确定控制目标	以财务计划为依据，确定总体控制目标，按照责、权、利相结合的原则分解总体控制目标
	确定控制标准	将总体可控目标层层分解到责任单位和个人，例如，材料控制标准一般要制定材料采购单价、材料定额等
	执行控制标准	财务运行过程中的适时控制，符合标准的予以支持；反之加以限制，将财务活动控制在计划范围内
	确定执行差异	及时掌握财务信息系统反馈来的财务活动实际运行情况，对照控制标准，及时确定差异的性质和程度
	消除执行差异	分析偏差产生的原因及其责任归属，并且采取有效的措施消除差异，保证财务计划的完成

2. 财务控制的方法

财务控制的方法有很多，下面介绍最常见的三种，分别是防护性控制、前馈性控制和反馈控制。第一，防护性控制又称排除干扰控制，是指在财务活动发生前就制定一系列制度和规定，把可能产生的差异予以排除的一种控制方法；第二，前馈性控制又称补偿干扰控制，是指通过对实际财务系统运行的监视，运用科学的方法预测可能出现的偏差，采取一定的措施，使差异得以消除的一种控制方法；第三，反馈控制又称平衡偏差控制，是在认真分析的基础上，发现实际与计划之间的差异，确定差异产生的原因，采取切实有效的措施，调整实际财务活动或财务计划，使差异得以消除或避免今后出现类似差异的一种控制方法。

（五）财务分析

1. 财务分析的概念与流程

财务分析是以财务报表资料及其他相关资料为依据，采用一系列专门的分析技术和方法，对企业过去有关筹资活动、投资活动、经营活动、分配活动进行分析。财务分析的目的是为企业及其利益相关者了解企业过去、评价企业现状、预测企业未来做出正确决策提供准确的信息或依据。财务分析的一般流程如表 1–6 所示。

表 1–6 财务分析的工作流程

工作项目	工作流程	具体操作
财务分析	确立题目，明确目标	根据企业生产经营中出现的问题确定分析题目，找到明确的财务分析目标
	收集资料，掌握情况	充分收集各种财务信息资料，以便了解掌握真实的情况
	运用方法，揭示问题	运用各种分析方法对目标题目进行分析，找到关键性问题
	提出措施，改进工作	根据存在的问题，提出明确具体的改进措施

2. 财务分析的方法

财务分析的方法有许多，常用的分析方法有对比分析法、比率分析法和综合分析法。第一，对比分析法是通过把有关指标进行对比来分析企业财务情况的一种方法。第二，比率分析法是把有关指标进行对比，用比率来反映它们之间的财务关系，以揭示企业财务状况的一种分析方法。其中，最主要的比率有相关指标比率、构成比率、动态比率。比率分析是财务分析的一种重要方法。通过各种比率的计算和对比，基本上能反映出一个企业的偿债能力、盈利能力、资金周转状况和盈余分配情况，该方法具有简明扼要、通俗易懂的特点，很受各类分析人员的欢迎。第三，综合分析法是把有关财务指标和影响企业财务状况的各种因素都有序地排列在一起，综合地分析企业财务状况和经营成果。在进行综合分析时，可采用财务比率综合分析法、因素综合分析法和杜邦体系分析法等。

综合分析法是一种重要的分析方法，它对全面、系统、综合地评价企业财务状况具有十分重要的意义。但综合分析法一般都比较复杂，所需资料很多，工作量比较大。

第三节　财务会计管理的环境

财务会计管理环境是指对企业财务活动和财务会计管理产生影响作用的企业内外部的各种条件。通过环境分析，提高企业财务行为对环境的适应能力、应变能力和利用能力，以便更好地实现企业财务会计管理目标。

企业财务会计管理环境按其存在的空间，可分为内部财务环境和外部财务环境。内部财务环境是指企业的内部条件，主要内容包括企业资本实力、生产技术条件、经营管理水平和决策者的素质等方面。影响企业外部财务环境是指企业的外部条件、因素和状况，包括政治环境、经济环境、法律环境和金融市场环境等因素。由于内部财务环境存在于企业内部，是企业可以从总体上采取一定措施加以控制和改变的因素。而外部财务环境存在于企业外部，它们对企业财务行为的影响无论是有形的硬环境，还是无形的软环境，企业都难以改变和控制，更多的是适应和因势利导。因此，下面我们主要介绍企业财务会计管理的外部环境。

一、政治环境

政治环境是指国家在一定时期内的各项路线、方针、政策和整个社会的政治观念。在一切的社会环境中，政治环境起着基础性的决定作用，它决定着国家在特定时期内的经济、法律、科技、教育等各方面的目标导向和发展水平，因此，直接或间接地约束着企业的财务会计管理工作。企业的政治环境主要包括社会安定程度、政府制定的各种经济政策的稳定性及政府机构的管理水平、办事效率等。我国的企业特别是国有企业的财务活动必须符合国家的统一发展规划，接受国家的宏观监督和调节，符合国家的产业政策和发展方向，承担必要的社会责任。

二、经济环境

在影响财务会计管理的各种外部环境中，经济环境是最为重要的外部环境之一。经济环境是指企业进行财务活动的宏观经济状况。企业的理财活动必须融入宏观经济运行中，宏观经济环境是一个十分宽泛的概念，大的方面包括世界经济环境、洲际经济环境、国家或地区的经济环境；小的方面包括行业经济环境、产品的市场经济环境等。无论是哪一方面，对其做出正确的分析、评估是企业采取适应性财务行为、规避风险的基本条件。

（一）经济体制

在计划经济体制下，国家统筹企业资本、统一投资、统负盈亏，企业利润统一上缴、亏损全部由国家补贴，企业虽然是一个独立的核算单位但无独立的理财权力。财务会计管理活动的内容比较单一，财务会计管理方法比较简单。在市场经济体制下，企业成为“自主经营、自负盈亏”的经济实体，有独立的经营权，同时也有独立的理财权。企业可以从自身需要出发，合理确定资本需要量，然后到市场上筹集资本，再把筹集到的资本投放到高效益的项目上获取更大的收益，最后将收益根据需要和可能进行分配，保证企业财务活动自始至终根据自身条件和外部环境做出各种财务会计管理决策并组织实施。因此，财务会计管理活动的内容比较丰富，方法也复杂多样。

（二）经济周期

市场经济条件下，经济发展与运行带有一定的波动性。大体上经历复苏、繁荣、衰退和萧条四个阶段的循环，这种循环叫作经济周期。

在不同的经济周期，企业应采用不同的财务会计管理战略。西方财务学者探讨了经济周期中的财务会计管理战略，现择其要点归纳如表 1-7 所示。

表 1-7　经济周期中的财务会计管理战略

复苏	繁荣	衰退	萧条
1. 增加厂房设备	1. 扩充厂房设备	1. 停止扩张	1. 建立投资标准
2. 实行长期租赁	2. 继续建立存货	2. 出售多余设备	2. 保持市场份额
3. 建立存货	3. 提供产品价格	3. 停产不利产品	3. 压缩管理费用
4. 开发新产品	4. 开展营销规划	4. 停止长期采购	4. 放弃次要利益
5. 增加劳动力	5. 增加劳动力	5. 削减存货	5. 削减存货
		6. 停止扩招雇员	6. 裁减雇员

（三）经济发展状况

经济发展状况是指宏观经济的短期运行特征，包括经济发展速度、经济发展水平、经济发展阶段三个方面，它们对财务会计管理有着重要的影响。

1. 经济发展速度的快慢、国民经济的繁荣与衰退会影响企业的销售额。销售额增加会引起企业的存货枯竭，需要筹集资金扩大生产规模；而销售额减少会阻碍现金的流转，使企业产品积压，须筹资来维持企业的经营。

2. 经济发展水平的变化体现为国家统计部门定期公布经济发展状况的各种经济指标，如经济增长速度、失业率、物价指数、进出口贸易额增长率、税收收入以及各个行业的经济发展状况指标等。对各种经济发展状况指标的跟踪观察有利于企业正确地把握宏观经济运行的态势，及时调整财务会计的管理策略。

3. 任何国家的经济发展都不可能呈长期的快速增长之势，而总是表现为“波浪式前进，螺旋式上升”的状态。当经济发展处于繁荣时期，经济发展速度较快，市场需求旺盛，销售额大幅度上升。企业为了扩大生产，需要增加投资，对此，则须筹集大量的资金以满足投资扩张的需要。当经济发展处于衰退时期，经济发展速度缓慢，甚至出现负增长，企业的产量和销售量下降，投资锐减，资金时而紧缺、时而闲置，财务运作出现较大的困难。

（四）宏观经济政策

政府具有对宏观经济发展进行调控的职能。在一定时期，政府为了协调经济发展，往往通过计划、财税、金融等手段对国民经济总运行机制及子系统提出一些具体的政策措施。宏观调控政策是政府对宏观经济进行干预的重要手段，主要包括产业政策、金融政策和财政政策等。政府通过宏观经济政策的调整引导微观财务主体的经济行为，达到调控宏观经济的目的。

货币政策是政府对国民经济进行宏观调控的重要手段之一。在市场经济条件下，货币政策直接影响到经济结构、经济发展速度、企业效益、公众收入、市场利率和市场运行等各个方面。一般来说，紧缩的货币政策会减少市场的货币供给量，从而造成企业资金紧张，使企业的经济效益下降，这样就会增加企业的风险。同时公众的收入也会下降，购买力随之下降。反之，宽松的货币政策能增加市场的货币供给量，增加企业的经济效益，减小企业的风险。

财政政策同货币政策一样是政府进行宏观调控的重要手段。财政政策可以通过增减政府收支规模和税率等手段来调节经济发展的速度。当政府通过降低税率、增加财政支出刺激经济发展时，企业的利润就会上升，社会就业增加，公众收入也增加；反之，企业的利润就会下降，就业机会不足，收入也减少。

我国经济体制改革的目标是建立社会主义市场经济体制，以进一步解放和发展生产力。在这个目标的指导下，我国已经并正在进行财税体制、金融体制、外汇体制、外贸体制、计划体制、价格体制、投资体制、社会保障制度等各项改革。所有这些改革措施，深刻地影响着我国的经济生活，也深刻地影响着我国企业的发展和财务活动的运行。如金融政策中的货币发行量、信贷规模会影响企业投资的资金来源和投资的预期收益；财税政策会影响企业的资金结构和投资项目的选择等；价格政策会影响资金的投向和投资的回收期及预期收益；会计制度的改革会影响会计要素的确认和计量，进而对企业财务活动的事前预测、决策及事后的评价产生影响等。

这些宏观经济调控政策对企业财务会计管理的影响是直接的，企业必须按国家政策办事，否则寸步难行。所以，作为微观的市场竞争主体，企业必须关注宏观经济政策的取向及其对企业经济行为的影响，并根据宏观经济政策的变化及时调整自身的行为，以规避政策性风险对企业财务运行的影响。

（五）通货膨胀水平

一般认为，在产品和服务质量没有明显改善的情况下，价格的持续提高就是通货膨胀，表现为物价持续上升到一定程度而引发的货币贬值、购买力下降。通货膨胀犹如一个影子，始终伴随着现代经济的发展。通货膨胀不仅对消费者不利，对企业财务活动的影响更为严重。

通货膨胀对企业财务活动的影响是多方面的，主要表现在：引起资金占用的大量增加，从而增加企业的资金需求；引起企业利润虚增，造成企业资金由于利润分配而流失；引起利润上升，加大企业的权益资金成本；引起有价证券价格下降，增加企业的筹资难度；引起资金供应紧张，增加企业的筹资困难。

为了减轻通货膨胀对企业造成的不利影响，企业应采取措施予以防范。在通货膨胀初期，货币面临着贬值的风险，这时企业进行投资可以避免风险，实现资本保值；与客户应签订长期购货合同，以减少物价上涨造成的损失；取得长期负债，保持资本成本的稳定。在通货膨胀持续期，企业可以采用比较严格的信用条件，减少企业债权；调整财务政策，防止和减少企业资本流失等。

三、金融环境

金融环境是指资金供应者和资金需求者通过某种形式进行交易而融通资金的市场环境。金融市场为资金供应者和资金需求者提供了各种金融工具和选择机会，使融资双方能自由灵活地调度资金。当企业需要资金时，可以在金融市场上选择合适的筹资方式筹集；当企业有暂时闲置资金时，又可以在金融市场上选择合适的投资方式进行投资，从而提高资金的使用效率。同时，在金融市场交易中形成的各种参数，如市场利率、汇率、证券价格和证券指数等，为企业进行财务决策提供了有用的信息。

（一）金融机构、金融工具与金融市场

金融机构主要是指银行和非银行金融机构。银行是指经营存款、放款、汇兑、储蓄等金融业务，承担信用中介的金融机构，包括各种商业银行和政策性银行，如中国工商银行、中国农业银行、中国银行、中国建设银行、国家开发银行、中国农业发展银行等。非银行金融机构主要包括保险公司、信托投资公司、证券公司、财务公司、金融资产管理公司、金融租赁公司等。

金融工具是指融通资金双方在金融市场上进行资金交易、转让的工具，借助

金融工具，资金从供给方转移到需求方。金融工具分为基本金融工具和衍生金融工具两大类。常见的基本金融工具有货币、票据、债券、股票等。衍生金融工具又称派生金融工具，是在基本金融工具的基础上通过特定技术设计形成的新的融资工具，如各种远期合约、互换、掉期（交换）、资产支持证券等，种类非常复杂、繁多，具有高风险、高杠杆效应的特点。

金融市场是指资金供应者和资金需求者双方通过一定的金融工具进行交易而融通资金的场所。金融市场的构成要素包括资金供应者和资金需求者、金融工具、交易价格、组织方式等。金融市场为企业融资和投资提供了场所，可以帮助企业实现长短期资金转换、引导资本流向和流量，提高资本效率。

（二）金融市场的分类

金融市场是资金筹集的场所，是企业向社会筹集资金必不可少的条件。广义的金融市场，是指一切资本流动（包括实物资本和货币资本）的场所，其交易对象为货币借贷、票据承兑和贴现、有价证券的买卖、黄金和外汇买卖、办理国内外保险、生产资料的产权交换等。狭义的金融市场一般是指有价证券市场，即股票和债券的发行和买卖市场。企业总是需要资金从事投资和经营活动，而资金的取得，除了自有资金外，主要从金融机构和金融市场取得。金融政策的变化必然影响企业的筹资、投资和资金运营活动。所以，金融环境是企业最主要的环境因素之一。金融市场可以按照不同的标准进行分类。

1. 货币市场和资本市场

以期限为标准，金融市场可分为货币市场和资本市场。货币市场又称短期金融市场，是指以期限在一年以内的金融工具为媒介，进行短期资金融通的市场，包括同业拆借市场、票据市场、大额定期存单市场和短期债券市场；资本市场又称长期金融市场，是指以期限在一年以上的金融工具为媒介，进行长期资金交易活动的市场，包括股票市场和债券市场。

2. 发行市场和流通市场

以功能为标准，金融市场可分为发行市场和流通市场。发行市场是指从事新证券和票据等金融工具买卖的转让市场，也叫初级市场或一级市场；流通市场是指从事已上市的旧证券或票据等金融工具买卖的转让市场，也叫次级市场或二级市场。

3. 资本市场、外汇市场和黄金市场

以融资对象为标准，金融市场可分为资本市场、外汇市场和黄金市场。资本市场以货币和资本为交易对象；外汇市场以各种外汇金融工具为交易对象；黄金市场则是集中进行黄金买卖和金币兑换的交易市场。

4. 基础性金融市场和金融衍生品市场

按所交易金融工具的属性，金融市场可分为基础性金融市场与金融衍生品市场。基础性金融市场是指以基础性金融产品为交易对象的金融市场，如商业票据、企业债券、企业股票的交易市场；金融衍生品交易市场是指以金融衍生品为交易对象的金融市场，如远期、期货、掉期（交换）、期权，以及具有远期、期货、掉期（交换）、期权中一种或多种特征的结构化金融工具的交易市场。

5. 地方性金融市场、全国性金融市场和国际性金融市场

以地理范围为标准，金融市场可分为地方性金融市场、全国性金融市场和国际性金融市场。

（三）货币市场

货币市场的主要功能是调节短期资金融通。其主要特点是：第一，期限短，一般为3~6个月，最长不超过一年；第二，交易目的是解决短期资金周转。它的资金来源主要是资金所有者暂时闲置的资金，融通资金的用途一般是弥补短期资金的不足；第三，金融工具有较强的"货币性"，具有流动性强、价格平稳、风险较小等特性。

货币市场主要有拆借市场、票据市场、大额定期存单市场和短期债券市场等。拆借市场是指银行（包括非银行金融机构）同业之间短期性资本的借贷活动。这种交易一般没有固定的场所，主要通过电信手段成交，期限按日计算，一般不超过1个月。票据市场包括票据承兑市场和票据贴现市场。票据承兑市场是票据流通转让的基础；票据贴现市场是对未到期票据进行贴现，为客户提供短期资本融通，包括贴现、再贴现和转贴现。大额定期存单市场是一种买卖银行发行的可转让大额定期存单的市场。短期债券市场主要买卖1年期以内的短期企业债券和政府债券，尤其是政府的国库券交易。短期债券的转让可以通过贴现或买卖的方式进行。短期债券以其信誉好、期限短、利率优惠等优点，成为货币市场中的重要金融工具之一。

（四）资本市场

资本市场的主要功能是实现长期资本融通。其主要特点是：融资期限长，至少一年，甚至可达 10 年以上；融资目的是解决长期投资性资本的需要，用于补充长期资本，扩大生产能力；资本借贷量大；收益较高，但风险也较大。资本市场主要包括债券市场、股票市场和融资租赁市场等。

债券市场和股票市场由证券（债券和股票）发行和证券流通构成。有价证券的发行是一项复杂的金融活动，一般要经过以下三个重要环节：证券种类的选择、偿还期限的确定、发售方式的选择。在证券流通中，参与者除了买卖双方外，中介也非常活跃。这些中介主要有证券经纪人、证券商，他们在流通市场中起着不同的作用。

融资租赁市场是通过资产租赁实现长期资金融通的市场，它具有融资与融物相结合的特点，融资期限一般与资产租赁期限一致。

四、技术环境

财务会计管理的技术环境，是指财务会计管理得以实现的技术手段和技术条件，它决定财务会计管理的效率和效果。目前，我国进行财务会计管理所依据的会计信息是通过会计系统提供的，占企业经济信息总量的 60%～70%。在企业内部，会计信息主要是提供给管理层决策使用，而在企业外部，会计信息则主要是为企业的投资者、债权人等提供服务。

我国正全面推进会计信息化工作，力争通过 5～10 年的努力，建立健全会计信息化法规体系和会计信息化标准体系〔包括可扩展商业报告语言（XBRL）分类标准〕，全力打造会计信息化人才队伍，基本实现大型企事业单位会计信息化与经营管理信息化的融合，进一步提升企事业单位的管理水平和风险防范能力，做到数出一门、资源共享，便于不同的信息使用者获取、分析和利用，进行投资和相关决策；基本实现大型会计师事务所采用信息化手段对客户的财务报告和内部控制进行审计，进一步提升社会审计质量和效率；基本实现政府会计管理和会计监督的信息化，进一步提升会计管理水平和监管效能。通过全面推进会计信息化工作，使我国的会计信息化达到或接近世界先进水平。我国企业会计信息化的全面推进，必将促使企业财务会计管理的技术环境进一步完善和优化。

第二章 财务会计货币资金与存货

第一节 货币资金

一、货币资金的内容

货币资金是企业经营过程中以货币形态存在的资产，是企业资产的重要组成部分，也是企业资产中流动性较强的一种资产。任何企业要进行生产经营活动都必须拥有货币资金，持有货币资金是进行生产经营活动的基本条件。货币资金作为支付手段，可用于支付各项费用、清偿各种债务及购买其他资产，因而具有普遍的可接受性。根据货币资金的存放地点及其用途的不同，货币资金分为现金、银行存款、其他货币资金。就会计核算而言，货币资金的核算并不复杂，但由于货币资金具有高度的流动性，因而在组织会计核算过程中，加强货币资金的管理和控制是至关重要的。

二、货币资金的控制

货币资金是企业资产中流动性较强的资产，加强对其管理和控制，对于保障企业资产安全完整、提高货币资金周转和使用效益具有重要的意义。加强对货币资金的控制，应结合企业生产经营特点，制定相应的控制制度并监督实施。一般说来，货币资金的管理和控制应遵循如下原则：

1. 严格职责分工。将涉及货币资金不相容的职责分由不同的人员担任，形成严密的内部牵制制度，以减少和降低货币资金管理上舞弊的可能性。

2. 实行交易分开。将现金支出业务和现金收入业务分开进行处理，防止将现金收入直接用于现金支出的坐支行为。

3. 实行内部稽核。设置内部稽核单位和人员，建立内部稽核制度，以加强对货币资金管理的监督，及时发现货币资金管理中存在的问题，改进对货币资金的管理控制。

4. 实施定期轮岗制度。对涉及货币资金管理和控制的业务人员实行定期轮换岗位。通过轮换岗位，减少货币资金管理和控制中产生舞弊的可能性，并及时发现有关人员的舞弊行为。

三、库存现金

（一）现金的含义

现金是货币资金的重要组成部分，作为通用的支付手段，也是对其他资产进行计量的一般尺度和会计处理的基础。它具有不受任何契约的限制、可以随时使用的特点。可以随时用其购买所需的物资、支付有关的费用、偿还债务，也可以随时存入银行。由于现金是流动性最强的一种货币资金，企业必须对现金进行严格的管理和控制，使现金能在经营过程中合理、通畅地流转，提高现金使用效益，保护现金安全。

现金有狭义的概念和广义的概念之分。狭义的现金仅指库存现金，包括人民币现金和外币现金。我国会计实务中定义的现金即为狭义的现金，而很多西方国家较多地采用了广义的现金概念。广义的现金除库存现金外，还包括银行存款，也包括其他符合现金定义、可以普遍接受的流通中的票证，如个人支票、旅行支票、银行汇票、银行本票、邮政汇票等。

（二）现金管理的主要内容

1. 现金的使用范围

根据国家现金管理制度和结算制度的规定，企业收支的各种款项，在规定的范围内使用现金，允许企业使用现金结算的范围如下：

（1）职工工资、津贴。

（2）个人劳务报酬。

（3）根据国家规定颁发给个人的科学技术、文化艺术、体育等各种奖金。

（4）各种劳保、福利费用，以及国家规定的对个人的其他支出。

（5）向个人收购的农副产品和其他物资支付的价款。

（6）出差人员必须随身携带的差旅费。

（7）结算起点（人民币 1000 元）以下的零星支出。

（8）中国人民银行确定需要支付库存现金的其他支出。

属于上述现金结算范围的支出，企业可以根据需要从银行提取现金支付，不属于上述规定范围的款项支付应通过银行进行转账结算。

2. 库存现金的限额

（1）现金的库存限额是指由开户银行核定的企业现金的库存最高额度。

（2）现金的库存限额由开户单位提出申请，由开户银行审查核定。

（3）现金的库存限额原则上根据企业 3~5 天的日常零星现金开支的需要确定。边远地区和交通不发达地区可以适当放宽，但最多不超过 15 天。

（4）企业每日的现金结存数，不得超过核定的限额，超过部分必须及时送存银行；不足限额时，可签发现金支票向银行提取现金补足。

（5）库存现金限额一般每年核定一次，单位因生产和业务发展、变化需要增加或减少库存限额时，可向开户银行提出申请，经批准后，方可进行调整，单位不得擅自超出核定限额增加库存现金。

3. 现金日常收支的管理

在企业所拥有的资产中，现金的流动性最大，最容易被挪用或侵占。因此，企业必须加强对现金的管理，以提高其使用效率，保护其完整、安全。

（1）企业现金的收入应于当日送存银行，当日送存银行确有困难的，由开户银行确定送存时间。

（2）企业收支现金时，可以从本单位库存现金限额中支付或者从开户银行提取，不得坐支现金。所谓坐支，就是指企业从本单位现金收入中直接支付现金的行为。因特殊情况需要坐支现金的，应当先报开户银行审核批准，由开户银行核定坐支范围和限额。未经银行批准不得擅自坐支现金。

（3）企业签发现金支票从开户银行提取现金，应当写明用途，由本单位财务部门负责人签字盖章，经开户银行审核后，予以支付现金。

（4）企业因采购地点不固定、交通不便利以及其他特殊情况必须使用现金的，应向开户银行提出申请，经开户银行审核后，予以支付现金。

（5）对现金收支应定期或者不定期地进行清查，以做到账款相符。不得“白条顶库”，不得谎报用途套取现金，不准用银行账户代其他单位和个人存入和支取现金，不准用单位收入的现金以个人名义存入储蓄（公款私存），不准保留账外公款（小金库）。

（三）库存现金的清查

为了保证现金的安全完整，企业应按规定对库存现金进行定期和不定期的清查。库存现金的清查是指对库存现金的盘点和核对。

1. 库存现金的清查意义：是对库存现金进行盘点与账面进行核对，检查账实是否相符。

2. 库存现金的清查目的：是为了保证账款相符，防止现金丢失和收支记账时发生差错以及贪污盗窃和挪用公款等违法行为。

3. 清查方法：实地盘点法，包括出纳人员每日终了的清点和清查小组进行的定期和不定期的盘点与核对。

4. 清查结果：将现金日记账的余额与库存现金实际数进行比较，账实相符合或账实不符。若不符，查找原因，编写“库存现金盘点报告表”，并据以进行账务处理。

四、银行存款

（一）银行存款的含义

按照国家有关规定，凡是独立核算的企业都必须在当地银行开设账户；企业在银行开设账户以后，除按核定的限额保留库存现金外，超过限额的现金必须存入银行；除了在规定的范围内可以用现金直接支付外，在经营过程中所发生的其他货币收支业务，都应该通过银行存款账户进行结算。

银行存款是指企业存入银行或其他金融机构账户上的货币资金。

（二）银行存款的管理

1. 银行存款账户的分类

企业银行存款账户依据用途不同可以分为基本存款账户、一般存款账户、临时存款账户、专用存款账户等。

（1）基本存款账户

基本存款账户是指企业办理日常转账结算和现金收付的账户。企业的工资、奖金等现金的支取只能通过该账户办理。

（2）一般存款账户

一般存款账户是指企业因借款或者其他结算需要，在基本存款账户开户银行以外的银行营业机构开立的银行结算账户。一般存款账户只能办理转账结算和现金缴存，不能支取现金。开立基本存款账户的存款人都可以开立一般存款账户。开立一般存款账户，实行备案制，无须由中国人民银行核准。

（3）临时存款账户

临时存款账户是指企业因临时生产经营活动的需要而开立的账户，企业可以通过本账户办理转账结算和根据国家现金管理规定办理现金收付。企业暂时性的转账、现金收付业务可以通过本账户结算，如异地产品展销、临时性采购资金等。

（4）专用存款账户

专用存款账户是指企业因特定用途需要所开立的账户，办理各项专用资金的收付，如基本建设资金、住房基金、社会保障基金等。合格境外机构投资者在境内从事证券投资开立的人民币特殊账户和人民币结算资金账户（简称 QFⅠⅠ专用存款账户）纳入专用存款账户管理。

中国人民银行对于基本存款账户、临时存款账户（因注册验资和增资验资而开立的除外）、预算单位专用存款账户和 QFⅠⅠ专用存款账户实行核准制度。企业在银行开立账户后，可到开户银行购买各种银行往来使用的凭证（如现金支票、转账支票、进账单、送款簿等），用以办理银行存款的收付。

存款人因主体资格终止撤销银行结算账户的，应先撤销一般存款账户、专用存款账户、临时存款账户，将账户资金转入基本存款账户后，方可办理基本存款账户的撤销。

2. 银行存款账户的设立和结算纪律

企业通过银行存款账户办理资金收付时，必须做到以下五点：

（1）一个企业只能选择一家银行的一个营业机构开立一个基本存款账户，不得在多家银行开立基本存款账户。

（2）企业银行存款账户，只供本企业业务经营范围内的资金收付，不准出租或出借给其他单位或个人使用。

（3）各种收付款凭证，必须如实填写款项来源或用途，不得巧立名目，弄虚作假；不得套取现金，套购物资；严禁利用账户搞非法活动。

（4）在办理结算时，不准签发没有资金保证的票据或远期支票，套取银行信用；不准签发、取得和转让没有真实交易和债权债务的票据，套取银行和他人资金；不准无理拒付、任意占有他人资金；不准违规开立和使用账户。

（5）及时、正确地记录银行往来账务，并及时与银行寄来的对账单进行核对，发现不符，尽快查对清楚。

（三）银行结算方式

根据中国人民银行结算办法规定，目前，我国企业发生的货币资金业务主要采用以下 10 种结算方式，通过银行办理转账结算。

1. 银行汇票

（1）定义

银行汇票是出票银行签发的，由其在见票时按照实际结算金额无条件支付给收款人或者持票人的票据。银行汇票可以用于转账，填明“现金”字样的银行汇票也可以用于支取现金。

（2）适用范围

同城和异地的单位和个人进行款项结算时，均可使用银行汇票。

（3）银行汇票结算的注意事项

①银行汇票一律记名，允许背书转让（填明“现金”字样的除外），背书转让是指在票据上所做的以转让票据权利为目的的书面行为。

②银行汇票的提示付款期限为一个月，逾期的汇票兑付银行不予受理。

③汇票申请人办理银行汇票，应向签发银行填写“银行汇票委托书”，填明

收款人名称、汇票金额、申请人名称、申请日期等事项并签章，签发银行受理并收妥款项后，签发银行汇票交给汇款人。

④汇票申请人持银行汇票向填明的收款人办理结算时，应将银行汇票和解讫通知一并交给收款人。

⑤收款人受理申请人交付的银行汇票时，应在出票金额内，根据实际需要的款项办理结算，并将实际结算金额和多余金额填入银行汇票和解讫通知的有关栏内。

⑥持票人向开户银行提示付款时，应在汇票背面“持票人向银行提示付款签章”处签章，并将银行汇票和解讫通知等送交开户银行，银行审查无误后办理转账。

2. 银行本票

（1）定义

银行本票是银行签发的，承诺在见票时无条件地支付确定金额给收款人或持票人的票据。

银行本票可以用于转账，注明“现金”字样的银行本票可以用于支取现金。

（2）分类

银行本票根据签发金额是否固定，可分为定额银行本票和不定额银行本票两种。定额银行本票面额为1000元、5000元、10 000元和50 000元。

（3）适用范围

单位和个人在同一票据交换区域的各种款项的结算可使用本票。

（4）特点

银行本票一律记名，允许背书转让。但出票人如果记载了“不得转让”字样，该本票不得转让。本票的提示付款期限自出票日起最长不超过两个月。

3. 商业汇票

（1）定义

商业汇票是出票人（银行以外的企业或者其他组织）签发的，委托付款人在指定日期无条件地支付确定的金额给收款人或者持票人的票据。

（2）分类

商业汇票根据承兑人的不同，分为商业承兑汇票和银行承兑汇票。

①商业承兑汇票是指出票人记载银行以外的人为付款人，并由付款人予以承兑的票据。

②银行承兑汇票是指出票人记载银行为付款人，并由付款人（银行）予以承兑的票据。

（3）适用范围

同城、异地均可使用商业汇票。

（4）注意事项

①商业汇票一律记名，允许背书转让。

②商业汇票的付款期限，最长不超过六个月。

③商业汇票的提示付款期限，自汇票到期日起 10 日。

④商业汇票的持票人可持未到期的商业汇票连同贴现凭证向银行申请贴现。

⑤只有在银行开立存款账户的法人以及其他组织之间，才能使用商业汇票。

4. 支票

（1）定义

支票是出票人签发的，委托银行或其他金融机构见票时无条件支付一定金额给收款人或持票人的票据。

（2）分类

①现金支票：只能支取现金。

②转账支票：只能转账。

③普通支票：可以支取现金，也可以转账。

④画线支票：普通支票在左上角画两条平行线的为画线支票。画线支票只能用于转账，不能用于支取现金。

（3）适用范围

单位和个人在同城和异地的各种款项的结算均可使用支票。

（4）特点

手续简便，结算灵活。

（5）支票结算应注意的问题

①支票一律记名，可以背书转让。

②支票的提示付款期限自出票日期 10 天，中国人民银行另有规定的除外。

③支票的金额、收款人名称，可以由出票人授权补记。未补记前不得背书转让和提示付款。

④签发支票应使用钢笔或碳素笔填写，中国人民银行另有规定的除外。

⑤出票人不得签发空头支票，签发空头支票的，银行除退票外，还按票面金额的5%但不低于1000元的罚款。

⑥不得签发与其预留银行印章不符的支票；适用支付密码的，不得签发密码错误的支票。

⑦存款人领购支票，必须填写“票据和结算凭证领用单”并签章，签章应与预留银行的签章相符。存款账户结清时，必须将全部剩余空白支票交回银行注销。

5. 汇兑

（1）定义

汇兑结算方式是汇款人（付款企业）委托银行将其款项支付给收款人的结算方式。这种结算方式划拨款项简便、灵活，不受金额起点的限制。

（2）分类

汇兑分为信汇、电汇两种。信汇是指汇款人委托银行通过邮寄方式将款项划给收款人；电汇是指汇款人委托银行通过电报或其他电子方式将款项划转给收款人。两种方式可由汇款人根据需要选择使用。

（3）适用范围

适用于单位和个人异地之间的各种款项的结算。

6. 委托收款

（1）定义

委托收款是由收款人向其开户银行提供收款依据，委托银行向付款人收取款项的一种结算方式。

（2）分类

委托收款结算款项的划回方式，分为邮寄和电报两种，由收款人选用，不受金额起点的限制。

（3）适用范围

同城、异地均可以使用。

（4）注意事项

付款单位收到银行交给的委托收款凭证及债务证明，应签收并在三日内审查债务证明是否真实，确认之后通知银行付款。如未通知银行，银行视同企业同意付款，并在第四日银行开始营业时，将款项主动划给收款人开户银行。

7. 托收承付

（1）定义

托收承付是根据购销合同由收款人发货后委托银行向异地付款人收取款项，由付款人向银行承认付款的一种结算方式。

（2）分类

托收承付结算款项的划回办法，分为邮寄和电报两种。托收承付结算每笔的金额起点为 10 000 元，新华书店系统每笔的金额起点为 1000 元。

（3）适用范围

①使用托收承付结算方式的收款单位和付款单位，必须是国有企业、供销合作社以及经营管理较好，并经开户银行审查同意的城乡集体所有制工业企业。

②办理托收承付的款项，必须是商品交易，以及因商品交易而产生的劳务供应的款项。

代销、寄销、赊销商品的款项，不得办理托收承付结算。

③收付双方使用托收承付结算必须签有符合《中华人民共和国合同法》（以下简称《合同法》）规定的买卖合同，并在合同上订明使用异地托收承付结算方式。

④收款人办理托收，必须具有商品确已发运的证件（包括铁路、航运、公路等运输部门签发的运单等）。没有发运证件，可凭其他相关证件办理。

⑤收付双方办理托收承付结算，必须重合同、守信用。

（4）托收承付结算方式分为托收和承付两个阶段

托收。销货单位按合同发运商品，办妥发货手续后，根据发货票、代垫运杂费单据等填制“托收承付结算凭证”，连同发货票、运单一并送交开户银行办理托收。开户银行接到托收凭证及其附件后，应认真地进行审查。对审查无误、同意办理的，应将托收凭证的回单联盖章后退回销货单位。

承付。购货单位收到银行转来的托收承付结算凭证及所附单证后，应在规定的承付期内审查核对，分为验单付款和验货付款两种。验单付款承付期为三天，从付款人开户银行发出承付通知的次日算起。验货付款的承付期为十天，从运输部门向付款人发出提货通知的次日算起。

（5）拒绝付款的处理

付款人在承付期内，对于如下情况，可向银行提出全部或部分拒绝付款。

①没有签订买卖合同或未订明托收承付结算方式买卖合同的款项。

②未经双方事先达成协议，收款人提前交货或因逾期交货，付款人不需要该项货物的款项。

③未按合同规定的到货地址发货的款项。

④代销、寄销、赊销商品的款项。

⑤验单付款，发现所列货物的品种、数量、价格与合同规定不符；或验货付款，经查验货物与合同规定或发货清单不符的款项。

⑥货款已经支付或计算有错误的款项。

付款人对以上情况提出拒绝付款时，必须填写“拒绝付款理由书”，并加盖单位公章，注明拒绝付款理由。开户银行经审查，认为拒付理由不成立，均不受理，应实行强制扣款。

8. 信用证

（1）定义

信用证是指开证行依照申请人的申请开出的，凭符合信用证条件的单据支付的付款承诺，并明确规定为不可撤销、不可转让的跟单信用证。

（2）适用范围

信用证结算方式是国际结算的一种主要方式。经中国人民银行批准经营结算业务的商业银行总行，以及经商业银行总行批准开办信用证结算业务的分支机构，也可以办理国内企业之间商品交易的信用证结算业务。

（3）特点

①信用证与作为其依据的买卖合同相互独立。银行处理信用证业务时，不受买卖合同的约束。

②信用证一般为不可撤销、不可转让的跟单信用证。“不可撤销”是指信用证开具后在有效期内，非经信用证各有关当事人（开证行、开证申请人和受益

人）的同意，开证行不得修改或者撤销。“不可转让”是指受益人不能将信用证的权利转让给他人。

③信用证付款方式为即期付款、延期付款和议付。延期付款期限最长不得超过六个月。

④信用证只用于转账结算，不得支取现金。

采用信用证结算方式的，收款单位收到信用证后，即备货装运，签发有关发票账单，连同运输单据和信用证，送交银行，根据退还的信用证等有关凭证编制收款凭证；付款单位在接到开证行的通知时，根据付款的有关单据编制付款凭证。

9. 银行卡

（1）定义

银行卡是由商业银行（含邮政金融机构）向社会发行的具有消费信用、转账结算、存取现金等全部或部分功能的信用支付工具。

（2）分类

银行卡按照是否给予持卡人授信额度，分为信用卡和借记卡。

①信用卡分为贷记卡和准贷记卡

贷记卡是发卡银行给予持卡人一定信用额度，持卡人可在信用额度内先消费、后还款；准贷记卡是持卡人须先交存一定金额的备用金，当备用金账户余额不足支付时，可在发卡银行规定的信用额度内透支。

②借记卡分为转账卡、专用卡和储值卡

转账卡具有转账结算、存取现金和消费功能；专用卡具有专门用途，在特定区域使用，具有转账结算、存取现金功能；储值卡是发卡银行根据持卡人要求将资金转至卡内储存，交易时直接从卡中扣款。

银行卡按使用对象分为单位卡和个人卡。

凡申领单位卡的单位，必须在中国境内金融机构开立基本存款账户，凭中国人民银行核发的开户许可证申领单位卡。单位卡的资金一律从其基本存款账户转账存入，不得交存现金，不得将销货收入的款项存入其账户。单位卡不得用于10万元以上的商品交易、劳务供应款项结算。单位卡一律不得透支，不得支取现金。

10. 电子支付

(1) 定义

电子支付是指单位、个人(客户)直接或授权他人通过电子终端发出支付指令，实现货币支付与资金转移的行为。这里的“电子终端”是指客户可用以发起电子支付指令的计算机、电话、销售点终端、自动柜员机、移动通信工具或其他电子设备。

(2) 特点

与传统支付方式相比，电子支付具有虚拟性、开放性、快捷性的显著特点。

(3) 种类

①网上支付

网上支付是指通过互联网完成支付的行为和过程，通常仍须以银行为中介。

②移动支付

移动支付指利用移动电话采取编发短信或拨打某个号码的方式实现支付。移动支付系统主要涉及消费者、商家和无线运营商。

五、其他货币资金

(一) 其他货币资金的含义

其他货币资金是指企业除库存现金、银行存款外的各种货币资金。

(二) 其他货币资金的种类

1. 外埠存款

外埠存款是指企业到外地进行临时或零星采购时，汇往采购地银行开立采购专户的款项。企业汇出款项时，须填写汇款委托书，加盖“采购资金”字样。汇入银行对汇入的采购款项，以汇款单位名义开立临时采购账户。该账户存款不计利息、只付不收、付完注销。除采购员差旅费用可以支取少量现金外，其他支出一律转账。

2. 银行汇票存款

银行汇票存款是指企业为取得银行汇票按规定存入银行的款项。企业在填送

"银行汇票申请书"并将款项交存银行，取得银行汇票后，根据银行盖章退回的申请书存根联借记本科目；企业使用银行汇票后，根据发票账单等有关凭证贷记本科目；如有多余款或因汇票超过付款期等而退回款项，根据开户银行转来的银行汇票第四联（多余款收账通知）载明的金额贷记本科目。

3. 银行本票存款

银行本票存款是指企业为取得银行本票按规定存入银行的款项。企业向银行提交"银行本票申请书"并将款项交存银行，取得银行本票后，根据银行盖章退回的申请书存根联借记本科目；企业使用银行本票后根据发票账单等有关凭证贷记本科目；因本票超过付款期等而要求退款时，应当填制一式两联的进账单，连同本票一并送交银行，根据银行盖章退回的进账单第一联贷记本科目。

4. 信用卡存款

信用卡存款是指企业为取得信用卡按照规定存入银行的款项。企业应按照规定填制申请表，连同支票和有关资料一并送交发卡银行，根据银行盖章退回的进账单第一联借记本科目；企业使用信用卡购物或支付有关费用贷记本科目；企业信用卡在使用过程中需要向其账户续存资金的，同申请时的处理。

5. 信用证保证金存款

信用证保证金存款是指企业为取得信用证按规定存入银行的保证金。企业向银行申请开立信用证，应按规定向银行提交开证申请书、信用证申请人承诺书和购销合同。企业向银行交纳保证金，根据银行盖章退回的进账单第一联借记本科目；根据开证行交来的信用证来单通知书及有关单据列明的金额贷记本科目。

6. 存出投资款

存出投资款是指企业已存入证券公司但尚未进行短期投资的现金。企业向证券公司划出资金时，按实际划出的金额借记本科目；购买股票、债券时，按实际发生的金额贷记本科目。

第二节 存货

一、含义及核算内容

存货，是指企业在日常活动中持有以备销售的产成品或商品、处在生产过程中的在产品、在生产过程或提供劳务过程中耗用的材料和物料。

企业的存货通常包括以下内容：

1. 原材料。指企业在生产过程中经过加工改变其形态或性质并构成产品主要实体的各种原料及主要材料、辅助材料、外购半成品（外购件）、修理用备件（备品备件）、包装材料、燃料等。

2. 在产品。指企业正在制造尚未完工的产品，包括正在各个生产工序加工的产品和已加工完毕但尚未检验或已检验但尚未办理入库手续的产品。

3. 半成品。指经过一定生产过程并已检验合格交付半成品仓库保管，但尚未制造完工成为产成品，仍须进一步加工的中间产品。

4. 产成品。指工业企业已经完成全部生产过程并验收入库，可以按照合同规定的条件送交订货单位，或者可以作为商品对外销售的产品。企业接受外来原材料加工制造的代制品和为外单位加工修理的代修品，制造和修理完成验收入库后应视同企业的产成品。

5. 商品，指商品流通企业外购或委托加工完成验收入库用于销售的各种商品。

6. 周转材料，指企业能够多次使用、逐渐转移价值但仍保持原有形态不确认为固定资产的材料，如包装物和低值易耗品。

7. 委托代销商品，是指企业委托其他单位代销的商品。

二、存货取得成本的确定

（一）外购取得存货成本

外购的存货成本，包括购买价款和相关税费以及运杂费。而运杂费中包括运输费、装卸费、保险费、包装费等。另外，运输途中的合理损耗、入库前的挑选整理费用以及按规定应计入成本的税费和其他费用也属于存货成本。

其中，存货的购买价款，是指企业购入的材料或商品的发票账单上列明的价款，但不包括按规定可以抵扣的增值税额。

存货的相关税费，是指企业购买存货发生的进口关税、消费税、资源税和不能抵扣的增值税进项税额等应计入存货采购成本的税费。

其他可归属于存货采购成本的费用，即采购成本中除上述各项以外的可直接归属于存货采购的费用，如在存货采购过程中发生的仓储费、包装费、运输途中的合理损耗、入库前的挑选整理费用等。这些费用能分清负担对象的，应直接计入存货的采购成本；不能分清负担对象的，应选择合理的分配方法，分配计入有关存货的采购成本。

（二）加工取得存货的成本

加工取得存货的成本由采购成本、加工成本构成。存货加工成本由直接人工和制造费用构成。制造费用是一项间接生产成本，包括企业生产部门（如生产车间）管理人员的职工薪酬、折旧费、办公费、水电费、机物料损耗、劳动保护费、季节性和修理期间停工损失等。

（三）委托外单位加工取得的存货成本

委托外单位加工完成的存货的实际成本包括实际耗用的原材料或者半成品、运输费、加工费、装卸费等费用以及按规定应计入成本的税金。

（四）其他方式取得存货的成本

1. 投资者投入存货的成本

投资者投入存货的成本，应按照投资合同或协议约定的价值确定，但合同或协议约定的价值不公允的除外。如果投资合同或协议约定价值不公允的情况下，按照该项存货的公允价值作为其入账价值。

2. 盘盈存货的成本

盘盈的存货应按其重置成本作为入账价值，并通过“待处理财产损溢”科目进行会计处理，按管理权限报经批准后，冲减当期的管理费用。

三、发出存货的计价方法

日常工作中，企业发出的存货，可以按实际成本核算，也可以按计划成本核算。如采用计划成本核算，会计期末应把相应的存货调整为实际成本。

企业应根据各类存货的实物流转方式、企业管理的要求、存货的性质等实际情况，合理地确定存货成本的计算方法。企业在实际成本核算方式下，可以采用的发出存货成本的计价方法包括先进先出法、月末一次加权平均法、移动加权平均法和个别计价法等。

（一）实际成本法下发出存货的计价

1. 先进先出法

先进先出法是指以先购入的存货应先发出（例如，销售或耗用）这样一种存货实物流动假设为前提对发出存货进行计价的一种方法。

采用这种方法，先购入的存货成本在后购入存货成本之前转出，以此确定发出存货和期末存货成本。这种方法的优点是使企业不能随意挑选存货计价以调整当期利润。这种方法的缺点是工作量比较烦琐复杂，特别是对于存货进出量频繁的企业更是如此。而且当物价上涨时，会高估企业当期利润和库存存货价值；反之，会低估企业存货价值和当期利润。

2. 月末一次加权平均法

月末一次加权平均法是指以月初结存存货数量加上本月全部进货数量作为权数，去除月初结存存货成本加上本月全部进货成本，计算出存货的加权平均单位成本。以此为基础计算本月发出存货的成本和期末存货的成本的一种方法。计算公式如下：

存货的单位成本=（月初库存存货成本+本月购入存货成本）÷

（月初库存存货数量+本月购入存货数量）　（2-1）

本月发出存货的成本=本月发出存货的数量×存货单位成本本月结存存货成本=月末库存存货的数量×存货单位成本　（2-2）

采用加权平均法只在月末一次计算加权平均单价，所以对于企业的核算人员来说比较简单。月末一次加权平均法有利于简化成本计算工作，但由于这种方法平时无法从账上提供发出和结存存货的单价及金额，因此，不利于企业对于存货成本的日常管理与控制。

3. 移动加权平均法

移动加权平均法是指每次进货时都要计算一次加权平均单位成本。具体方法是每次进货的成本加上原有企业库存存货的成本的合计额，除以每次进货数量加上原有库存存货的数量的合计数，以此计算加权平均单位成本，作为在下次进货前计算各次发出存货成本依据的一种方法。计算公式如下：

存货单位成本=（原有库存存货实际成本+本次进货实际成本）÷（原有库存存货数量+本次进货数量） （2-3）

本次发出存货成本=本次发货数量×本次发货前存货单位成本 （2-4）

本月月末库存存货成本=月末库存存货数量×本月月末存货单位成本（2-5）

移动加权平均法计算出来的存货成本比较均衡和准确。但计算的工作量大，适用范围一般是经营品种不多，或者前后购进商品的单价相差幅度较大的商品流通类企业。

4. 个别计价法

采用这一方法是假设存货的成本流转与实物流转相一致，按照各种存货，逐一辨认各批发出的存货和期末的存货所属的购进批别或生产批别，分别按其购入或生产时所确定的单位成本作为计算各批发出存货和期末存货成本的一种方法。在这种方法下，是把每一种存货的实际成本作为基础计算发出存货成本和期末存货成本的。

这种方法的优点是计算发出存货的成本和期末存货的成本比较合理、准确。缺点是实务操作的工作量繁重、困难较大。所以这种方法适用于容易识别、存货品种数量不是很多、单位成本较高的存货计价。例如珠宝、名画等贵重物品。

（二）计划成本法下发出存货的计价

计划成本法下发出存货的成本计算可分为以下三个步骤：

1. 计算发出存货的计划成本

发出存货的计划成本=发出存货的数量×发出存货的计划单价 （2-6）

2. 计算发出存货应负担的成本差异

发出存货应负担的材料成本差异率＝发出材料的计划成本×

（期初结存材料的成本差异+本期材料成本差异）÷

（期初结存材料的计划成本+本期材料的计划成本）×100% （2-7）

差异率为正数，表示超支差异；差异率为负数，表示节约差异。

发出存货应负担的成本差异＝发出存货的计划成本×（±材料成本差异率）（2-8）

3. 发出存货的实际成本

发出存货实际成本＝发出存货计划成本+发出存货应负担的成本差异（2-9）

四、原材料的核算

原材料，指企业在生产过程中经过加工改变其形态或性质并构成产品主要实体的各种原料及主要材料、辅助材料、外购半成品（外购件）、修理用备件（备品备件）、包装材料、燃料等。原材料是企业存货的主要组成部分，其计价方法可选择实际成本计价，也可选择计划成本计价。

（一）原材料按实际成本计价核算

1. 主账户设置

采用实际成本法核算，使用的会计科目有“原材料”“在途物资”“应付账款”“预付账款”等。

（1）“在途物资”账户，资产类，增加计入借方，减少计入贷方，期末余额在借方。本账户核算企业采用实际成本（或进价）进行材料、商品等物资的日常核算，已取得发票账单但物资尚未验收入库的购入材料或商品的实际采购成本。

（2）“原材料”账户，资产类，增加计入借方，减少计入贷方，期末余额在借方。本账户在实际成本法下，核算实际成本，原材料借方登记入库材料的实际成本，贷方登记发出材料的实际成本，期末余额在借方反映企业库存材料的实际成本。

2. 具体核算

（1）原材料采购及入库的核算

①取得发票账单并且材料验收入库，应按相关采购发票账单，借记“原材料”和“应交税费——应交增值税（进项税额）”账户，贷记“银行存款”等账户。

②取得发票账单，材料尚未验收入库，应按相关采购发票账单，借记“在途物资”和“应交税费——应交增值税（进项税额）”等账户，贷记“应付账款”等账户。待验收入库时再将“在途物资”账户结转计入“原材料”账户。

③尚未取得发票账单，材料已经验收入库，月内不作账务处理，月末仍未收到相关发票等凭证（按照暂估价入账），应借记“原材料”账户，贷记“应付账款”账户。下月初作相反分录予以冲回，收到相关发票账单后再编制相关会计分录。

（2）原材料出库的核算

月末根据当期“领料单”和“限额领料单”编制“发料凭证汇总表”并据此进行账务处理。借方科目，根据原材料的使用部门及用途，生产车间生产产品领用计入“生产成本”账户。生产车间一般耗用计入“制造费用”账户，行政管理部门一般耗用计入“管理费用”账户，企业销售部门领用计入“销售费用”账户，贷记“原材料”账户。记账金额按发出存货的几种计价方法，选取其中一种确定，方法一经选定不得随意变更，主要是为保证会计信息质量要求的可比性。

（二）原材料按计划成本计价核算

1. 主账户设置

采用计划成本法核算，使用的会计科目主要有“材料采购”“原材料”和“材料成本差异”。

（1）“材料采购”账户，资产类，增加计入借方，减少计入贷方，期末余额在借方。借方登记企业采购材料的实际成本和原材料入库产生的节约差，贷方登记入库材料的计划成本和原材料入库产生的超支差；期末余额反映企业在途材料的实际采购成本。

（2）“原材料”账户，资产类，增加计入借方，减少计入贷方，期末余额在借方。计划成本法下，借方登记入库材料的计划成本，贷方登记发出材料的计划成本，期末余额反映企业库存材料的计划成本。

（3）“材料成本差异”账户，资产类，本账户属于“原材料”账户的备抵附加调整账户。反映企业入库各种材料的实际成本与计划成本的差异，借方登记的是入库产生的超支差异及发出材料应负担的节约差异；贷方登记的是入库产生的节约差异及发出材料应负担的超支差异。期末如为借方余额，反映企业库存材料的实际成本大于计划成本的差异（超支差异）；如为贷方余额，反映企业库存材料实际成本小于计划成本的差异（节约差异）。

2. 具体核算

（1）原材料采购及入库的核算

①取得发票账单并且材料验收入库

在购入原材料时，按发票账单的实际结算金额，借记“材料采购”账户和“应交税费——应交增值税（进项税额）”账户，贷记“银行存款”等账户。

当原材料验收入库时，按原材料的计划成本，借记“原材料”账户，贷记“材料采购”账户；同时将实际成本与计划成本产生的差异记入“材料采购”账户和“材料成本差异”账户。

②取得发票账单，材料尚未验收入库

应按相关采购发票账单，借记“材料采购”和“应交税费——应交增值税（进项税额）”等账户，贷记“应付账款”等账户。待验收入库时再将“材料采购”账户结转计入“原材料”和“材料成本差异”账户。

③尚未取得发票账单

材料已经验收入库月内不做账务处理，月末仍未收到相关发票等凭证（按照计划成本入账），应借记“原材料”账户，贷记“应付账款”账户。下月初做相反分录予以冲回，收到相关发票账单后再编制相关会计分录。

（2）原材料出库的核算

月末根据当期“领料单”和“限额领料单”编制“发料凭证汇总表”并据此进行账务处理。借方科目，根据原材料的使用部门及用途，生产车间生产产品领用计入“生产成本”账户，生产车间一般耗用计入“制造费用”账户，行政管理部门一般耗用计入“管理费用”账户，企业销售部门领用计入“销售费用”账户；贷记“原材料”账户。记账金额为计划成本，根据材料成本差异率，计算发出材料应负担的成本差异，做出调整分录，一方计入“生产成本”“制造费用”“管理费用”“销售费用”等账户，另一方计入“材料成本差异”账户。

五、周转材料核算

（一）包装物

包装物是指为了包装企业商品而储备的各种包装容器，例如，桶、箱、瓶、坛、袋等。一般为一次性使用，若为多次使用的包装物也可根据使用次数进行摊销。

（二）低值易耗品

1. 核算内容

作为存货核算和管理的低值易耗品，一般划分为一般工具、专用工具、替换设备、管理用具、其他用具等。

（1）一般工具，是指在生产中常用的工具，如刀具、量具、装配工具等。

（2）专用工具，是指专门用于制造某一特定产品，或在某一特定工序上使用的工具，如专用模具等。

（3）替换设备，是指容易磨损或为制造不同产品需要替换使用的各种设备，如轧钢用的钢辊等。

（4）管理用具，是指为了安全生产而发给工人作为劳动保护用的工作服、工作鞋和各种防护用品等。

（5）其他工具，是指不属于上述各类的低值易耗品。

2. 低值易耗品的特点

（1）反复使用不改变实物形态。

（2）使用寿命核算期间在一年以内（含一年）。这一特点是其与“固定资产”核算的主要区别。

3. 低值易耗品的摊销方法

低值易耗品属于存货的核算范畴，既可以按实际成本计价，也可以按计划成本计价。低值易耗品取得的相关核算与“原材料”取得核算基本相同；低值易耗品出库的核算即为摊销，金额较小的，可在领用时一次计入成本费用，以便简化核算，但为加强实物管理，应在备查簿上进行登记。低值易耗品的摊销方法有一次摊销法和分次摊销法。

一次摊销法。是指在领用低值易耗品时，将其价值一次、全部计入有关资产成本或者当期损益的一种摊销方法。借方计入“制造费用”“管理费用”等账户，贷方计入“周转材料——低值易耗品”账户，若低值易耗品采用计划成本核算，还应根据差异率调整差异，计入“材料成本差异”账户。

分次摊销法。这种方法低值易耗品在领用时摊销其账面价值的单次平均摊销额。分次摊销法适用于可供多次反复使用的低值易耗品。常用的是“五五摊销法”，采用分次摊销法中的“五五摊销法”摊销低值易耗品的会计处理如下：

(1) 领用时，应借记“周转材料——低值易耗品——在用”，贷记“用转材料——低值易耗品——在库”；领用时摊销低值易耗品价值的单次摊销额，借记“制造费用”“管理费用”等账户，贷记“周转材料——低值易耗品——摊销”账户。

(2) 报废时，按照摊销低值易耗品单次摊销价借记“制造费用”“管理费用”等账户，贷记“周转材料——低值易耗品——摊销”账户，同时将“周转材料——低值易耗品——摊销”与“周转材料——低值易耗品——在用”对冲，应借记“周转材料——低值易耗品——摊销”，贷记“周转材料——低值易耗品——在用”。

六、委托加工物资

委托加工是指由委托方提供原料及主要材料，受托方只提供加工劳务，代垫辅助材料的经济业务。委托方应提供原料及主要材料的入库及出库手续。若由受托方提供原料及主要材料，或由受托方采购原料及主要材料再提供给委托方，均不属于委托加工经济业务。若属于委托加工业务，仅以加工费为计税依据，计算缴纳增值税。

七、库存商品

库存商品是指企业已完成全部生产过程并已验收入库、合乎标准规格和技术条件，可以按照合同规定的条件送交订货单位，或可以作为商品对外销售的产品，以及外购或委托加工完成验收入库用于销售的各种商品。

库存商品包括库存产成品、外购商品、存放在门市部准备出售的商品、发出展览的商品、寄存在外的商品、接受来料加工制造的代制品和为外单位加工修理的代修品等。已完成销售手续但购买单位在月末未提取的产品，不应作为库存商品，而应作为代管商品处理，单独设置代管商品备查簿进行登记。

企业接受来料加工制造的代制品和为外单位加工修理的代修品，在制造和修理完成验收入库后，视同本企业的产成品，也通过“库存商品”科目核算。本科目可按库存商品的种类、品种和规格等进行明细核算。

（一）制造企业库存商品的核算

制造型企业的库存商品一般为自己加工制造完成，生产的产成品应按实际成本核算，产成品的入库和出库，平时只记数量不计产成品的金额，期（月）末计算入库产成品的实际成本。对于生产完成验收入库的产成品，按照其实际成本，借记“库存商品”账户，贷记“生产成本”账户。当期出库的商品，根据“商品出库单”等原始凭证，借记“主营业务成本”等账户，贷记“库存商品”账户。另外采用计划成本核算的，发出商品还应结转产品成本差异，将发出产成品的计划成本调整为实际成本。

企业产成品种类较多的，也可按计划成本进行日常核算。其实际成本与计划成本的差异，可以单独设置“产品成本差异”科目，原理比照“材料成本差异”科目核算。采用实际成本进行产成品日常核算的，发出产成品的实际成本，可以采用先进先出法、加权平均法或个别认定法来计算确定。

（二）商业企业库存商品的核算

商业企业库存商品一般为外购形成。购入商品采用进价核算的，在商品到达验收入库后，按商品进价，应借记“库存商品”科目，贷记“银行存款”“在途物资”等账户。如果是委托外单位加工收回的商品，按商品进价，借记“库存商品”科目，贷记“委托加工物资”科目。

购入商品采用售价核算的，在商品到达验收入库后，按其商品售价，借记“库存商品”科目；按商品进价，贷记“银行存款”“在途物资”等科目；商品售价与进价的差额应贷记“商品进销差价”科目。委托外单位加工收回的商品，按商品售价，借记“库存商品”科目；委托加工商品的账面余额应贷记“委托加工物资”科目；按商品售价与进价的差价额，贷记“商品进销差价”科目。

企业销售商品应确认收入时，同时应结转其销售成本，借记“主营业务成本”等科目，贷记“库存商品”科目。采用进价进行商品日常核算的，发出商品的实际成本可以采用先进先出法、加权平均法或个别认定法来计算确定。采用售价核算的，还应结转应分摊的商品进销差价。商品销售成本的确定方法一般有以下两种：

1. 毛利率法

毛利率法是指根据本期销售净额乘以上期实际（或本期计划）毛利率来匡算本期销售毛利，并据以计算发出存货和期末存货成本的一种方法。

计算公式如下：

$$\text{已销商品的成本}=\text{销售收入净额}\times(1-\text{毛利率}) \tag{2-10}$$

$$\text{销售净额}=\text{商品销售收入}-\text{销售退回与折让} \tag{2-11}$$

$$\text{期末结存商品成本}=\text{期初结存商品成本}+\text{本期入库商品成本}-\text{本期销售商品成本} \tag{2-12}$$

这种方法适用于商业批发企业，因为同类商品的毛利率大致相同，采用这种存货计价方法既能减轻工作量，也能满足对存货管理的需要。

2. 售价金额核算法

售价金额核算法是指平时商品的购入、加工收回、销售均按售价记账，售价与进价的差额应通过“商品进销差价”科目核算，商品进销差价的实质就是毛利率。期末计算进销差价率和本期已售商品应分摊的进销差价，并据以调整本期销售成本的一种方法。计算公式如下：

$$\text{商品进销差价率}=(\text{期初结存商品进销差价}+\text{本期入库商品进销差价})\div(\text{期初结存商品售价}+\text{本期入库商品售价})\times100\% \tag{2-13}$$

$$已销商品的成本=销售收入净额\times（1-商品进销差价率） \tag{2-14}$$

$$销售净额=商品销售收入-销售退回与折让 \tag{2-15}$$

$$期末结存商品成本=期初结存商品进价+本期入库商品进价-本期销售商品成本 \tag{2-16}$$

这种方法适用于零售企业，因为零售企业要求按商品零售价格标价，采用该方法更简单。

八、存货清查

存货清查是指通过对存货的实地盘点，确定存货的实有数量，并与存货的账面结存数核对，从而确定存货实存数与账面结存数是否相符的一种专门方法。存货清查的方法一般采用实地盘点法。存货清查按照清查的对象和范围不同，分为全面清查和局部清查；按清查时间分为定期清查与不定期清查。

存货清查核算一般分为两个步骤：第一步，批准处理前将存货账面数调整为实际数；第二步，批准处理后或月末，结转"待处理财产损溢"账户至相关账户。

在存货盘盈处理时，依据"实存账存对比表"，借记"原材料"等科目，贷记"待处理财产损溢——待处理流动资产损溢"账户；批准处理后或月末，借记"待处理财产损溢——待处理流动资产损溢"账户，贷记"管理费用"账户。

在存货盘亏处理时，依据"实存账存对比表"，借记"待处理财产损溢——待处理流动资产损溢"账户，贷记"原材料"和"应交税费——应交增值税"（进项税额转出）账户；进项税转出批准处理后或月末，借记"其他应收款"（保险公司或责任人赔偿）、"原材料"（残料入库）、"管理费用"（一般原因损失和定额内损耗）、"营业外支出"（自然灾害等非常损失），贷记"待处理财产损溢——待处理流动资产损溢"账户。

九、存货期末计量

（一）存货期末减值的方法

资产负债表中，存货应当按照成本与可变现净值孰低计量。存货成本高于其可变现净值的，应当计提存货跌价准备，计入当期损益。其中可变现净值，是指在日常活动中，存货的估计售价减去至完工时估计将要发生的成本、估计的销售费用以及相关税费后的金额；存货成本，是指期末存货的实际成本如企业在存货成本的日常核算中采用计划成本、售价金额核算法等简化核算方法，则成本应调整为实际成本。

（二）存货减值迹象的判断

1. 存货存在下列情况之一的，表明存货的可变现净值低于成本：

（1）该存货的市场价格持续下跌，并且在可预见的未来无回升的希望。

（2）企业使用该项原材料生产的产品成本大于产品的销售价格。

（3）企业因产品更新换代，原有库存原材料已不适应新产品的需要，而该原材料的市场价格又低于其账面成本。

（4）因企业所提供的商品或劳务过时或消费者偏好改变而使市场的需求发生变化，导致市场价格逐渐下跌。

（5）其他足以证明该项存货实质上已经发生减值的情形。

2. 存货存在下列情形之一的，表明存货的可变现净值为零

（1）已霉烂变质的存货。

（2）已过期且无转让价值的存货。

（3）生产中不需要，并且已无使用价值和转让价值的存货。

（4）其他足以证明已无使用价值和转让价值的存货。

（三）存货周转率

存货周转率是企业营运能力分析的重要指标之一，在企业管理决策中被广泛地使用。存货周转率不仅可以用来衡量企业生产经营各环节中存货运营效率，而且还被用来评价企业的经营业绩，反映企业的绩效。

存货周转率是对流动资产周转率的补充说明，通过存货周转率的计算与分析，可以测定企业一定时期内存货资产的周转速度，是反映企业购、产、销平衡效率的一种尺度。存货周转率越高，表明企业存货资产变现能力越强，存货及占用在存货上的资金周转速度越快。

存货周转率又名库存周转率，是衡量和评价企业购入存货、投入生产、销售收回等各环节管理状况的综合性指标。它是销货成本被平均存货所除而得到的比率，或叫存货周转次数，用时间表示的存货周转率就是存货周转天数。其计算公式如下：

存货周转率（次数）= 销货成本/平均存货余额［还有一种是存货周转率（次数）= 营业收入/存货平均余额，该式主要用于获利能力分析］ （2-17）

平均存货余额=（期初存货+期末存货）÷2 （2-18）

存货周转天数=计算期天数/存货周转率（次数） （2-19）

存货周转率指标的好坏反映企业存货管理水平的高低，它影响到企业的短期偿债能力，是整个企业管理的一项重要内容。一般来讲，存货周转速度越快，存货的占用水平越低，流动性越强，存货转换为现金或应收账款的速度越快。因此，提高存货周转率可以提高企业的变现能力。

第三章　财务会计资产与投资管理

第一节　资产管理

企业进行生产经营活动，首先必须拥有一定的资产，作为企业从事生产经营活动的物质基础，资产能为企业带来巨大的经济利益。因此，对于一个企业来说，资产管理是企业管理的重要工作，是企业发展必须解决的问题。企业资产管理以提高资产可利用率、降低企业运行维护成本为目标，以优化企业维修资源为核心，通过信息化手段，合理安排维修计划及相关资源与活动。通过提高设备可利用率得以增加收益，通过优化安排维修资源得以降低成本，从而提高企业的经济效益和企业的市场竞争力。

一、流动资产管理

企业流动资产主要包括现金、应收账款、存货等。它的配置和管理是企业财务管理的重要组成部分。如果流动资产过多，会增加企业的财务负担，从而影响企业的盈利能力；相反，流动资产不足，则其财务周转不灵，会影响企业正常经营。企业在生产经营中恰好存在此类问题，理应及时、合理地对流动资产进行管理，结合自身的发展特点，制定出符合自身要求的管理体系。

（一）流动资产的基础理论

1. 流动资产的概念

所谓流动资产，是指可以在一年内或长于一年的一个营业周期内变现的资产。按照流动资产的变现速度（速度越快，流动性越高；反之流动性越低）划分，流动性最高的资产属货币资金，其次是短期投资，再次是应收账款，最后是存货。同样地，流动负债是指需要在一年或者超过一年的一个营业周期内偿还的债务，又称短期融资，主要包括以下几类项目：短期借款、应付账款、应付工资、应交税金及应付利润（股利）等。

2. 流动资产的分类

流动资产所包含的具体内容多种多样，根据不同的标准可以将其分为不同的种类。根据资产的占用形态，可将流动资产分为现金、各种银行存款，应收及预付款和库存等。

（1）现金、各种银行存款

现金、各种银行存款是指企业的库存现金或外币现钞，以及存入境内外的人民币存款和外币存款。在流动资产中，它的流动性最强，可直接支用，也是其他流动资产的最终转换对象。

（2）应收及预付款项

应收及预付款项是指企业在生产经营过程中所形成的应收而未收的或预先支付的款项，包括应收账款、应收票据、其他应收款和预付货款。企业为了加强市场竞争能力，通常采取赊销或预先支付一笔款项的做法。

（3）库存

库存是指企业在生产经营过程中为销售或者耗用而储存的各种资产，包括商品产成品、半成品、在产品原材料、辅助材料、低值易耗品、包装物等。库存具有较大的流动性，且其占用分布于各经营环节，故在流动资产中占有较大的比重。

（二）现金管理

现金，是在企业生产经营过程中以货币形态存在的资金，广义上包括库存现金、银行存款和其他现金。现金是企业变现能力最强的资产，代表着企业的直接支付能力和应变能力。企业进行现金管理，其重要内容便是保持合理的现金水平，使企业持有的现金数额既能满足生产经营开支的各种需要，又能及时偿还贷款和预防不时之需。

1. 企业现金的持有动机

企业持有现金，主要来源于三种动机，即交易性动机、预防性动机和投机性动机，具体如表 3-1 所示。

表 3-1　企业持有现金的动机

现金动机	现金持有目的	适用的业务活动
交易性动机	为了维持企业日常周转及生产经营活动需要而持有的现金	购买材料、支付工资、缴纳税款、支付股利等
预防性动机	为了应对意外或突发事件而须持有的现金	客户违约、生产事故等导致的突发性偿付
投机性动机	为了把握市场价格波动带来的投资机会从而使企业获得收益而须持有的现金	股票投资等

一般情况下，企业的现金持有量小于表 3-1 中三种需求下的现金持有量之和。企业可以根据自身实际情况确定三种需求下的现金数额，力求做到既能保证企业交易所需现金，降低风险，又能从暂时闲置的现金中增加收益。

2. 现金持有成本分析

企业持有现金或在现金与有价证券之间进行转换都是有成本的。一般来说，与现金相关的成本包括表 3-2 中的几个项目。

表 3-2　企业现金持有成本

分类	使用范围
机会成本	企业因持有一定现金余额而丧失的再投资收益，与现金持有量呈正相关关系
管理成本	因持有一定数量的现金而发生的管理费用，与现金持有量无比例关系
短缺成本	因现金持有量不足，又无法及时通过有价证券变现加以补充给企业所造成的损失，与现金持有量成负相关
交易成本	企业用现金购入有价证券以及用有价证券换取现金时所须付出的交易费用，与现金持有量成反比

3. 最佳现金余额确定

最佳现金余额，又称最佳现金持有量，是指现金满足生产经营的需要，又是现金使用的效率和效益最高时的现金最低持有量，确定最佳现金余额对企业生产经营和财务管理来说具有重要意义。当实际现金余额与最佳现金余额不一致时，企业可采用短缺融资（出现现金短缺时）、归还借款和投资有价证券（出现现金多余时）等策略来使现金余额达到合理的水平。

确定最佳现金余额的方法主要有成本模型、存货模型和随机模型三种，如表3-3所示。

表3-3 最佳现金余额确定方法

方法	原理
成本模型法	最佳现金余额是使得现金持有总成本（机会成本+管理成本+短缺成本）最小的现金持有量
存货模型法	利用存货的经济批量模型，以企业不断进行现金与有价证券之间的转换为假设，最佳现金余额是使得现金持有总成本（机会成本+交易成本）最小的现金持有量
随机模型法	假定企业每日现金流量接近正态分布，且随机波动，通过对现金持有量定出上限（最高控制线）、下限（最低控制线）和回归线，对现金余额进行控制

4. 现金的日常管理

企业在确定了最佳现金持有量后，还应采取各种措施，加强对现金的日常管理，以保证现金的安全、完整，最大限度地发挥其效用。现金日常管理的基本内容主要包括两个方面，即现金支出管理和现金回收管理。

（1）现金支出管理

现金管理的其中一个方面是决定如何使用现金，企业应根据风险与收益权衡原则选用适当方法延期支付账款，现金支出管理的主要任务是尽可能延缓现金的支出时间，延缓支付账款的方法一般有以下三种：

①使用汇票付款

在使用支票付款时，只要受票人将支票存入银行，付款人就要无条件地付款。但汇票不一定是“见票即付”的付款方式，在受票人将汇票送达银行后，银行要将汇票送交付款人承兑，并由付款人将一笔相当于汇票金额的资金存入银行，银行才会付款给受票人，这样就有可能合法地延期付款。

②推迟应付款的支付

企业在不影响自身信誉的前提下，应尽可能地推迟应付款的支付期限。这样可以最大限度地使用债权人的资金进行经营。在享受现金折扣优惠政策时，可在折扣期的最后一天付款，如果急需现金而放弃折扣优惠，可选择在信用期限的最后一天付款。此外，企业还可选择商业汇票等结算方式来推迟款项的支付。

③合理使用现金“浮游量”

现金的浮游量，是指由于未达账项，企业银行日记账账户上现金余额与银行账户上所示的存款余额之间的差额。有时，企业账户上的现金余额已为零或负数，而银行账上的该企业的现金余额还有很多。这是因为有些企业已经开出的付款票据尚处在传递中，银行尚未付款出账。如果能正确预测浮游量并加以利用，可节约大量现金。使用现金浮游量，会使得企业向银行开出从存款账户中提取款项的总金额超过了其存款账户上结存的金额。准确地估计出现金浮游量，就可减少银行存款的余额，将腾出的资金进行其他收益更加可观的投资项目。但是，企业使用现金浮游量，一定要准确地估计其数额及控制使用时间，否则会产生银行存款透支的情况。

（2）现金回收管理

企业在日常的生产经营活动中，应及时回收应收账款，使企业支付能力增强。为了加速现金的回收，就必须尽可能缩短应收账款的平均收现期。企业在制定销售政策和赊销政策时，要权衡增加应收账款投资和延长收账期乃至发生坏账的利弊，采取合理的现金折扣政策；采用适当的信用标准、信用条件、信用额度，建立销售回款责任制，制定合理的信用政策；加速收款与票据交换，尽量避免由于票据传递而延误收取货款的时间。具体可采用以下方法：

①邮政信箱法

邮政信箱法又称锁箱法，是西方企业加速现金流转的一种常用方法。企业可以在客户分布地区的邮局设置加锁信箱，让客户将支票汇至当地的这种信箱，然后由当地指定的银行每天数次收取信箱中的支票并存入特别的活期账户。由银行将这些支票在当地交换后以电汇方式存入该企业的银行账户。这种方法的优点是不但缩短了票据邮寄时间，还免除了公司办理收账、货款存入银行等手续，因而缩短了票据邮寄在企业的停留时间。但采用这种方法成本较高，因为被授权开启邮箱的当地银行除了要求扣除相应的补偿性余额外，还要收取额外服务的劳务费，导致现金成本增加。因此，是否采用邮政信箱法，须视提前回笼现金产生的收益与增加成本的大小而定。

②银行业务集中法

银行业务集中法即在客户较为集中的若干地区分设“收款中心”，并指定一个收款中心的开户银行（通常是企业总部所在地）为“集中银行”。各收款中心的客户在收到付款通知后，就近将货款交至收款中心；收款中心每天将收到的款项存入指定的当地银行；当地银行在进行票据交换后立即转给企业总部所在银行。这种方法可以缩短客户邮寄票据所需的时间和票据托收所需时间，但是采用这种方法须设立多个收账中心，从而增加了相应的费用支出。因此，企业应在权衡利弊得失的基础上，做出是否采用银行业务集中法的决策。

除上述方法外，还可以采取电汇、大额款项专人处理、企业内部往来多边结算，减少不必要的银行账户等方法加快现金回收。

（三）应收账款管理

应收账款，是指企业对外销售产品、材料，提供劳务及其他原因，应向购货单位或接受劳务单位收取的款项，包括应收销售款、其他应收款、应收票据等。随着商业竞争的日益激烈，企业出于扩大销售的竞争需要，不得不以赊销方式招揽客户，这就产生了应收账款。赊销方式产生的应收账款实际上是一种商业信用，因此，企业的应收账款管理，本质上属于商业信用管理。

1. 应收账款的成本

企业为扩大销售而持有应收账款，也是需要付出一定代价的。应收账款的成本主要有机会成本、管理成本和坏账成本，具体如表 3-4 所示。

表 3-4 应收账款成本计量

应收账款成本	内涵	计算公式
机会成本	企业因资金被应收账款占用而放弃其他投资所带来的收益	应收账款机会成本＝应收账款占用资金×资本成本＝日销售额×平均收现期×变动成本率×资本成本

续表

应收账款成本	内涵	计算公式
管理成本	企业进行应收账款管理时所需的费用	应收账款管理成本=客户信用调查费用+信息收集费用+账簿记录费用+收账费用+数据处理费用+相关管理人员成本等
坏账成本	应收账款因故可能无法收回而发生的损失	应收账款坏账成本=赊销额×预计坏账损失率

2. 应收账款的管理政策

应收账款的管理政策，又称信用政策，是指通过权衡收益、成本与风险，对应收账款投资水平进行规划和控制的原则性规定。一般包括信用标准、信用条件和收款政策三方面。

（1）信用标准

信用标准，是指顾客获得企业的交易信用所应具备的条件。如果顾客达不到信用标准，便不能享受企业的信用或只能享受较低的信用优惠。

企业在设定某一顾客的信用标准时，往往先要评估其赖账的可能性。这可以通过“5C”系统来进行。所谓“5C”系统，是评估顾客信用品质的五个方面，即品质（Character）、能力（Capacity）、资本（Capital）、抵押（Collateral）和条件（Conditions）。

①品质

品质指顾客的信誉，即履行偿债义务的可能性。企业必须设法了解顾客过去的付款记录，看其是否有按期如数付款的一贯做法，及与其他供货企业的关系是否良好。这一点经常被视为评价顾客信用的首要因素。

②能力

能力指顾客的偿债能力，即其流动资产的数量和质量以及与流动负债的比例。顾客的流动资产越多，其转换为现金支付款项的能力越强。同时，还应注意顾客流动资产的质量，看是否有存货过多、过时或质量下降，影响其变现能力和支付能力的情况。

③资本

资本指顾客的财务实力和财务状况，表明顾客可能偿还债务的背景。

④抵押

抵押指顾客拒付款项或无力支付款项时能被用作抵押的资产。这对于不知底细或信用状况有争议的顾客尤为重要。一旦收不到这些顾客的款项，便以抵押品抵补。如果这些顾客提供足够的抵押，就可以考虑向他们提供相应的信用。

⑤条件

条件指可能影响顾客付款能力的经济环境。比如万一出现经济不景气，会对顾客的付款产生什么影响、顾客会如何做等，这需要了解顾客在过去困难时期的付款历史。

（2）信用条件

信用条件是公司要求客户支付赊销款项的若干规定，包括信用期限、折扣期限和现金折扣等。信用期限是公司给客户规定的最长付款期限；折扣期限是为客户规定的可享受现金折扣的付款时间；现金折扣是鼓励客户及早付款给予的优惠，如“2/10，n/30”，是指如果客户在 10 天内付款，可享受 2%的折扣，如果不想取得现金折扣，必须在 30 天内付清。提供比较优惠的信用条件有利于增加销售量，但也会带来额外的负担，比如，会增加应收账款机会成本、坏账损失、现金折扣成本等。因此，公司必须仔细权衡利弊，针对客户的具体情况，在交易时给予客户灵活的信用条件，这样既可扩大销售，又能降低优惠信用条件产生的成本。

（3）收款政策

收款政策是指公司向客户收取过期账款所应遵循的程序和方法。积极的收款政策可能会减少应收账款的机会成本、减少坏账损失，但同时也会增加收账费用；反之，消极的收款政策虽然可以减少收账费用，但会增加应收账款机会成本、增加坏账损失。因此，公司制定收款政策时，必须将可能减少的坏账损失与需要支出的收款费用相比较，采用合理的收款政策。

通过以上分析可知，公司要制定合理的信用政策，应把信用标准、信用条件和收款政策三者结合起来，根据公司的产销情况和市场竞争的激烈程度，综合考虑三者的变化对销售额、应收账款机会成本、坏账损失和收款费用的影响，决策的原则仍是总收益大于因赊销而带来的总成本。既要通过具体数字的测算比较进行数量分析，也要依靠管理经验和主观判断来决定。

（四）存货管理

存货，是指企业在生产经营活动中为销售或者耗用而储备的物资，包括各类材料、燃料、低值易耗品、在产品、半成品、产成品、商品以及包装物等。存货是企业进行生产经营活动的基础，存货管理水平直接影响着企业生产经营活动能否顺利进行，并最终影响企业的收益。所以，存货管理也是财务管理的一项重要内容。

1. 存货成本

企业为保证生产或销售的正常经营，总是需要储存一定的存货，并因此占用或多或少的资金。也就是说，企业持有一定数量的存货，必须会有一定的成本支出。总体来说，企业持有存货主要会产生表 3-5 中的四项成本。

表 3-5　存货的成本计量

存货成本	内涵	计算公式	具体项目
订货成本	其为订购存货而发生的成本，由固定成本（与订货次数无关）和变动成本（与订货次数有关）组成	存货订货成本＝订货固定成本+订货变动成本＝订货固定成本+每次订货变动成本×订货次数	办公费、差旅费、运费、电话费等
购置成本	指存货本身的价值	存货购置成本＝购置数量×存货单价	—
储存成本	指企业为保持存货而发生的成本，由固定成本（与存货数量无关）和变动成本（与存货数量有关）组成	存货储存成本＝储存固定成本+储存变动成本＝储存固定成本+单位储存变动成本×每次进货量÷2	仓库折旧、存货资金的应计利息、保险费用、存货破损和变质损失

续表

存货成本	内涵	计算公式	具体项目
缺货成本	指因存货供应中断而给企业造成的损失	存货缺货成本=材料供应中断造成的停工损失+产成品库存缺货造成的拖欠发货损失和丧失销售机会的损失+商誉损失	—

2. 存货管理决策

企业进行存货管理，往往会涉及四项决策，即决定进货项目、选择供应单位、决定进货时间和决定进货批量。其中，前两项决策一般由企业销售部、采购部和生产部门共同负责，而后两项决策则需要企业财务部参与。通过确定合理的进货批量和进货时间，可使企业存货的总成本降到最低水平。

目前大多数企业采用经济订货批量模型（EOQ）来确定经济订货量，进而找出最适宜的进货时间。经济订货批量，是指使订货成本和储存成本总和最低的存货采购批量。根据经济订货批量模型，企业按照经济订货批量来订货时，可实现订货成本和储存成本之和最小化。存货相关成本指标的计算公式如下：

$$\text{经济订货批量} = \sqrt{\frac{2 \times \text{存货年需要量} \times \text{每次订货成本}}{\text{单位储存成本}}} \tag{3-1}$$

$$\text{每年最佳订货次数} = \sqrt{\frac{\text{存货年需要量} \times \text{单位储存成本}}{2 \times \text{每次订货成本}}} \tag{3-2}$$

$$\text{每年最佳订货周期} = \frac{1}{\text{每年最佳订货次数}} \tag{3-3}$$

$$\text{经济订货批量占用资金} = \frac{\text{经济订货批量}}{2} \times \text{存货单价} \tag{3-4}$$

由于经济订货批量模型是建立在一系列假设基础上的，而实际中企业存货管理则是一个比较复杂的问题，并不能满足经济订货批量模型的所有假设。为使经济订货批量模型更接近于实际情况，在存货管理实践中，往往对该模型进行一些扩展，使其具有更高的实用性，具体如表 3-6 所示。

表 3-6　存货管理实践中的订货批量计算

项目	原理	计算公式
再订货量	企业存货不能做到随用随时补充，而是需要在存货未用完之前提前订货。再订货量就是在提前订货的情况下，企业再次发出订货单时应保持的存货库存量	再订货量 = 平均交货时间 × 每日平均需用量
存货陆续供应和使用	存货不是一次全部入库的，而是陆续供应和陆续耗用的	订货批量 = 经济订货批量 × $\sqrt{\frac{每日送货量}{每日送货量-每日耗用量}}$
保险储备	存货的供需并不总是稳定的，为防止需求量增大或交货时间延误时可能发生的缺货损失，企业应有一定的储备	保险储备量 =（预计每天的最大耗用量×预计最长的订货提前期−平均每天的正常耗用量×订货提前期）

3. 存货日常管理

存货日常管理的目标是在保证企业生产经营正常进行的前提下减少库存，防止挤压。库存日常管理方法主要有 ABC 分类法等。

企业库存品种繁多，尤其是大中型企业多达上万种甚至数千万种。这些库存中，有的尽管占全部品种数量很少，但金额巨大；有的虽然占全部品种数量繁多，但金额微小。在库存管理中，如果主次不分、面面俱到，对每一种库存都用同样的精力实施管理、严格控制，就抓不住重点，库存管理工作的成本远大于效益。ABC 分类管理正是基于这一考虑而提出的，其目的在于使企业分清主次、突出重点、兼顾一般、舍弃细节，提高库存资金管理的整体效果。

所谓 ABC 分类管理就是按照一定的标准，将企业的库存划分为 A、B、C 三类，分别实行按品种重点管理，按类别一般控制和按总额灵活掌握的库存管理方法。

(1) 库存 ABC 分类的标准

分类的标准主要有以下两个：一是金额标准；二是品种数量标准。其中，金额标准是最基本的，品种数量标准仅作为参考。

A 类库存的特点是金额巨大，但品种数量较少；B 类库存金额一般，品种数量相对较多；C 类库存品种数量繁多，但价值金额却很小。一般而言，三类库存的金额比重大致为 A：B：C=0.7：0.2：0.1，而品种数量比重大致为 0.1：0.2：0.7。可见，A 类库存占用企业绝大多数的资金，应给予重点管理。B 类库存金额相对较小，可以通过划分类别的方式进行大类管理。C 类库存尽管品种数量繁多，但其所占金额却很小，可进行一般管理。

（2）ABC 三类库存的具体划分

该方法的具体实施步骤有以下三步：

①列示企业全部库存的明细表，并计算出每种库存的价值总额及占全部库存金额的百分比。

②按照金额标志由大到小进行排序并累加金额百分比。

③当金额百分比累加到 70%左右时，以上库存视为 A 类库存；介于 70%～90%之间的库存作为 B 类库存，其余则为 C 类库存。

二、固定资产管理

从财务活动的进程看，企业取得资金后，应进行资金投放和使用，以取得投资收益。在企业的财务活动中，投资是价值创造的关键环节，它占据了最重要的地位，而固定资产等长期投资因自身的特点而成为投资活动中的重点。固定资产是企业从事生产经营活动的物质基础，又是所有投资中投资风险最大的。为了避免固定资产投资失误，企业必须重视固定资产投资的决策与管理。

（一）固定资产的概念

1. 固定资产的概念和特点

固定资产是指同时具有下列特征的有形资产：为生产商品、提供劳务、出租或经营管理而持有；使用寿命超过一个会计年度。常见的固定资产有房屋、建筑、机械设备、运输工具等。在企业众多资产中，通常能视为固定资产的有表 3-7 中的八类项目。

表 3-7　企业固定资产项目一览表

类别	具体项目
房屋及建筑物	办公楼、厂房、职工宿舍、仓库等
机械设备	机床、锅炉、压力容器、注塑设备、抛光设备等
生产线	产品生产线、零部件生产线等
动力设备	烟尘净化器、位移传感器、空气压缩机等
运输设备	轿车、货车、客车等
仪器仪表	电工仪器、分析仪器、光学仪器、实验室仪器等
办公设备	计算机、打印机、复印机、扫描仪、照相机、投影仪、空调等
其他设备	企业其他可视为固定资产的设备

从固定资产的定义看，固定资产具有以下三个特征：第一，持有的目的是为生产商品、提供劳务、出租或经营管理，这意味着企业持有的固定资产是企业的劳动工具或者手段，而不是直接用于对外出售的商品；第二，使用寿命超过一个会计年度；第三，固定资产是有形资产。

企业应当根据固定资产的定义和特征，结合本企业的具体情况，制定适合本企业的固定资产目录、分类方法、每类或每项固定资产的预计使用年限和折旧方法，作为固定资产核算的依据。

2. 固定资产的种类

企业固定资产种类很多，根据不同的分类标准可以分成不同的类别。企业应选择适当的分类标准将固定资产进行分类以满足经营管理的需要。

按照经济用途可以将固定资产分为经营用固定资产和非经营用固定资产两大类：第一，经营用固定资产，是指直接参加或直接服务于生产经营过程的各种固定资产，如用于企业生产经营的房屋、建筑物、机器设备、运输设备、工具器具等；第二，非经营用固定资产，是指不直接服务于生产经营过程的各种固定资产，如用于职工住宅、公共福利设施、文化娱乐、卫生保健等方面的房屋、建筑物、设施和器具等。

按照使用情况可以将固定资产分为使用中固定资产、未使用固定资产、出租固定资产和不须用固定资产四大类。第一，使用中固定资产，是指企业正在使用的经营性固定资产和非经营性固定资产。企业的房屋及建筑物无论是否实际使用，都应视为使用中固定资产。由于季节性生产经营或进行大修理等而暂时停止使用，以及存放在生产车间或经营场所备用、轮换使用的固定资产，都属于企业使用中的固定资产。第二，未使用固定资产，是指已构建完成但尚未交付使用的新增固定资产，以及进行改建、扩建等暂时脱离生产经营过程的固定资产；第三，出租固定资产，是指企业根据租赁合同的规定，以经营租赁方式出租给其他企业临时使用的固定资产；第四，不须用固定资产，是指本企业多余或不适用、待处置的固定资产。

除上述基本分类外，固定资产还可按其他标准进行分类，如按固定资产的所有权，可分为自有固定资产和租入固定资产；按固定资产的性能，可分为房屋和建筑物、动力设备、传导设备、工作机器及设备、工具、仪器及生产经营用具、运输设备、管理用具等；按固定资产的来源渠道，可分为外购的固定资产、自行建造的固定资产、投资者投入的固定资产、融资租入的固定资产、改建扩建新增的固定资产、接受抵债取得的固定资产、非货币性资产交换换入的固定资产、接受捐赠的固定资产及盘盈的固定资产等。

（二）固定资产的成本计量

企业取得固定资产时，会发生一定的成本支出。固定资产的来源不同，其成本计量也不同，具体如表 3-8 所示。

表 3-8 固定资产的成本计量

固定资产来源	固定资产的成本
外购的固定资产	购买价款、进口关税和其他税费，以及使固定资产达到预定可使用状态前发生的可归属于该项资产的场地整理费、运输费、装卸费、安装费和专业人员服务费等
自行建造的固定资产	建造该项固定资产达到预定可使用状态前发生的必要支出，包括工程用物资成本、人工成本、相关税费、应予资本化的借款费用以及应分摊的间接费用等
投资者投入的固定资产	按照投资合同或协议约定的价值加上应支付的相关税费

在对企业资产的成本进行计量时，还应注意与固定资产有关的后续支出问题。固定资产的更新改造等后续支出，满足固定资产确认条件的，应当计入固定资产成本，如有被替换的部分，应扣除其账面价值。固定资产的修理费用等后续支出，不满足固定资产确认条件的，应当在发生时计入当期损益，有确凿证据表明符合固定资产确认条件的部分，则可以计入固定资产成本。

（三）固定资产的折旧管理

固定资产折旧，是指固定资产由于磨损和损耗而逐渐转移的价值，是在固定资产使用寿命内按照一定的方法对应计折旧额进行的系统分摊。所谓应计折旧额，是指应当计提折旧的固定资产原价扣除其预计净残值后的金额。

1. 固定资产折旧的影响因素

①原值。固定资产原值，即固定资产的账面成本。

②净残值。固定资产的净残值，是指假定固定资产预计使用寿命已满并处于使用寿命终了时的预期状态，企业目前从该项资产处置中获得的扣除预计处置费用以后的金额。由于在计算折旧时，对固定资产的残余价值和清理费用是人为估计的，所以净残值的确定有一定的主观性。

③减值准备。固定资产减值准备，是指固定资产已计提的固定资产减值准备累计金额。

④使用寿命。固定资产的使用寿命，是指企业使用固定资产的预计期间，或者该固定资产所能生产产品或提供劳务的数量。固定资产使用寿命的长短直接影响各期应计提的折旧额。

2. 固定资产折旧计算方法

除了特殊情况外，企业应根据与固定资产有关的经济利益的预期实现方式，选择合理的固定资产折旧方法，对所持有的固定资产计提折旧。比较常见的折旧方法如表 3-9 所示。

表 3-9 固定资产折旧计算方法

折旧方法	原理	计算公式
年限平均法	将固定资产的应计折旧额均衡地分摊到固定资产预计使用寿命内，每期的折旧额相等	年折旧率＝（1-预计净残值率）/预计使用寿命月折旧率＝年折旧率/12 月折旧额＝固定资产原价×月折旧率
工作量法	根据固定资产的实际工作量计算每期应提折旧额	单位工作量折旧额＝固定资产原价×（1-预计净残值率）/预计总工作量月折旧额＝单位工作量折旧额×当月工作量
双倍余额递减法	在不考虑预计净残值情况下，根据每期期初固定资产原价减去累计折旧后的余额和双倍的直线折旧法折旧率计算固定资产折旧	年折旧率＝2/预计使用寿命月折旧率＝年折旧率/12 月折旧额＝每月月初固定资产账面净值×月折旧率
年数总和法	将固定资产的原价减去预计净残值后的余额乘以一个逐年递减的变动折旧率，计算每年的折旧额	年折旧率＝尚可使用年限/预计使用寿命的年数总和月折旧率＝年折旧率/12 月折旧额＝（固定资产原价-预计净残值）×月折旧率

（四）固定资产的投资管理

1. 固定资产投资的程序

企业投资的程序主要包括以下步骤：第一，提出投资领域和投资对象，这需要在把握良好投资机会的情况下，根据企业的长远发展战略、中长期投资计划和投资环境的变化来确定；第二，评价投资方案的可行性，在评价投资项目的环境、市场、技术和生产可行性的基础上，对财务可行性做出总体评价；第三，投资方案比较与选择，在财务可行性评价的基础上，对可供选择的多个投资方案进行比较和选择；第四，投资方案的执行，投资方案的执行即投资行为的具体实施；第五，投资方案的再评价，在投资方案的执行过程中，应注意原来做出的投资决策是否合理、是否正确，一旦出现新的情况，就要随时根据变化的情况做出新的评价和调整。

2. 固定资产投资项目的可行性研究

可行性是指一项事物可以做到的、现实行得通的、有成功把握的可能性。就企业投资项目而言，其可行性就是指对环境的不利影响最小，技术上具有先进性和适应性，产品在市场上能够被容纳或被接受，财务上具有合理性和较强的盈利能力，对国民经济有贡献，能够创造社会效益。

广义的可行性研究包括机会研究、初步可行性研究和最终可行性研究三个阶段，具体又包括环境与市场分析、技术与生产分析和财务可行性评价等主要分析内容。

（1）环境与市场分析

①建设项目的环境影响评价

在可行性研究中，必须开展建设项目的环境影响评价。所谓建设项目的环境，是建设项目所在地的自然环境、社会环境和生态环境的统称。

建设项目的环境影响报告书应当包括下列内容：建设项目概况，建设项目周围环境现状，建设项目对环境可能造成影响的分析、预测和评估，建设项目环境保护措施及其技术、经济论证，建设项目对环境影响的经济损益分析，对建设项目实施环境监测的建议，环境影响评价的结论。

建设项目的环境影响评价属于否决性指标，凡未开展或没通过环境影响评价的建设项目，不论其经济可行性和财务可行性如何，一律不得上马。

②市场分析

市场分析又称市场研究，是指在市场调查的基础上，通过预测未来市场的变化趋势，了解拟建项目产品的未来销路而开展的工作。

进行投资项目可行性研究，必须从市场分析入手。因为一个投资项目的设想，大多来自市场分析的结果或源于某一自然资源的发现和开发，以及某一新技术新设计的应用。即使是后两种情况，也必须把市场分析放在可行性研究的首要位置。如果市场对于项目的产品完全没有需求，项目仍不能成立。

市场分析要提供未来运营期不同阶段的产品年需求量和预测价格等预测数据，同时要综合考虑潜在或现实竞争产品的市场占有率和变动趋势，以及人们的购买力及消费心理的变化情况。这项工作通常由市场营销人员或委托的市场分析专家完成。

（2）技术与生产分析

①技术分析

技术是指在生产过程中由系统的科学知识、成熟的实践经验和操作技艺综合而成的专门学问和手段。它经常与工艺通称为工艺技术，但工艺是指为生产某种产品所采用的工作流程和制造方法，不能将二者混为一谈。

广义的技术分析是指构成项目组成部分及发展阶段上凡与技术问题有关的分析论证与评价。它贯穿可行性研究的项目确立、厂址选择、工程设计、设备选型和生产工艺确定等各项工作，成为与财务可行性评价相区别的技术可行性评价的主要内容。狭义的技术分析是指对项目本身所采用工艺技术、技术装备的构成以及产品内在的技术含量等方面内容进行的分析研究与评价。

技术可行性研究是一项十分复杂的工作，通常由专业工程师完成。

②生产分析

生产分析是指在确保能够通过项目对环境影响评价的前提下，所进行的厂址选择分析、资源条件分析、建设实施条件分析、投产后生产条件分析等一系列分析论证工作的统称。厂址选择分析包括选点和定址两个方面内容。前者主要是指建设地区的选择，主要考虑生产力布局对项目的约束；后者则指项目具体地理位置的确定。在厂址选择时，应通盘考虑自然因素（包括自然资源和自然条件）、经济技术因素、社会政治因素和运输及地理位置因素。

生产分析涉及的因素多、问题复杂，需要组织各方面专家分工协作才能完成。

（3）财务可行性评价

财务可行性评价，是指在已完成相关环境与市场分析、技术与生产分析的前提下，围绕已具备技术可行性的建设项目而开展的，有关该项目在财务方面是否具有投资可行性的一种专门分析评价。

（五）固定资产的日常管理

固定资产的日常管理是对企业使用固定资产的各个部门所进行的经常性管理。固定资产日常管理的主要内容如下：

1. 完善制度管理

建立健全固定资产管理责任制度，实行归口分级管理。企业固定资产的管理必须在总经理或财务总监的统一领导下，实行归口分级管理。将企业全部固定资产归口列入有关部门，同时根据“谁用谁管”的原则，将固定资产管理的权限和责任下放到各使用部门并落实到班组和个人，做到层层落实，控制责任的一种管理方法。

归口管理部门应配备专职或兼职的管理人员负责归口管理工作。归口管理部门的各项固定资产应有记载其详细资料的卡片，并要将固定资产进行编号，贴在每项固定资产上，便于核对检查，做到账实相符。同时要将每项固定资产的管理落实到每个班组、每个人，做到固定资产的管理人人有责。归口管理部门设立的固定资产卡片要定期与财务部门的固定资产明细账进行核对，保证账卡相符。另外归口管理部门作为固定资产管理的基层单位要对固定资产负有管、用、养、修的职责。而且要将班组和个人对固定资产的管理进行经常性岗位考核，以保证固定资产的充分利用。

2. 合理配置企业资源

根据企业业务经营情况，合理地进行固定资产配置。企业在购建和建造固定资产时，必须进行充分的可行性分析和论证，看其是否符合企业业务经营需要，一旦购入能否给企业带来良好的回报。然后按规定报经有关部门批准后方可执行，而且要办理好相关手续。在交付使用时必须由财务部、归口管理部门、使用部门共同验收，以确保所购固定资产符合本企业的需要。企业调出固定资产，必须经总经理或财务总监批准，并按企业规定程序由归口部门填制“固定资产调拨单”，财务部门和使用部门都要签章。如果未按规定私自调出固定资产，则要追究当事人的责任。固定资产出租、出借的有关事宜须报经总经理或财务总监批准，要严格出租、出借的有关手续，并建立相关档案，以确保固定资产的完整无缺。固定资产的报废和毁损，要及时办理相关手续，同时要报经上级有关主管部门批准后，方可进行有关清理的工作。

3. 提高企业资产利用效率

搞好固定资产的维修保养，提高固定资产的完好率和利用率。为了保证企业业务经营活动的顺利开展，使固定资产处于良好的运转状态，固定资产的使用保管部门要负责固定资产的维修保养工作，到一定时期还要进行固定资产的大修和全面检查，以防止意外事故发生给企业造成不良影响及带来损失。财务部门还要对固定资产的使用情况进行定期和不定期的检查，分析固定资产的利用情况和完好程度，对于闲置未用的固定资产要及时采取措施，提出处理意见和办法。对于设备需要更新的，要及时报送有关部门批准进行更新。要监督使用和保管部门经常进行设备的日常维修和保养，以使固定资产处于完好状态，提高固定资产利用率。

4. 建立定期盘点清查制度

由于企业固定资产种类繁多，占用资金数额较大，分布在企业的各个部门，因此，为了保证账实相符，了解企业现有固定资产的实有状况，企业每年应定期对固定资产进行清查盘点。要在总经理的领导下，由财务部、工程部、固定资产使用保管部门的相关人员参加，组成盘点清查小组，以便及时发现问题、解决问题。通常可采用“账账核对”“账实核对”的办法。对于盘盈、盘亏的固定资产要填制“固定资产盘盈盘亏报告单”，并按有关规定报请处理。

三、无形资产管理

无形资产，是指企业拥有或者控制的没有实物形态可辨认的非货币性资产专利权、非专利技术、商标权、著作权、特许权、土地使用权等。

（一）无形资产的特征和内容

1. 无形资产的特征

（1）无形资产不具有实物形态

无形资产通常表现为某种权利、某项技术或某种获取超额利润的综合能力，它们不具有实物形态，如土地使用权、非专利技术等。固定资产是通过实物价值的磨损和转移来为企业带来未来经济利益，而无形资产很大程度上是通过自身所具有的技术等优势为企业带来未来经济利益。某些无形资产的存在有赖于实物载体。

（2）无形资产具有可辨认性

要作为无形资产进行核算，该资产必须是能够区别于其他资产可单独辨认的。满足下列条件之一的，应当认定为其具有可辨认性：能够从企业中分离或者划分出来，并能单独或者与相关合同、资产或负债一起，用于出售、转移、授予许可、租赁或交换；源自合同性权利或其他法定权利，无论这些权利是否可以从企业或其他权利和义务中转移或者分离。

（3）无形资产属于非货币性资产

无形资产属于非货币性资产且能够在多个会计期间为企业带来经济利益。无形资产的使用年限在一年以上，其价值将在各个受益期间逐渐摊销。

2. 无形资产的内容与分类

（1）无形资产的内容

无形资产主要包括专利权、非专利技术、商标权、著作权、土地使用权、特许权等。因为商誉的存在无法与企业自身分离，不具有可辨认性，所以它不属于无形资产的范畴。

（2）无形资产的分类

无形资产按取得的来源不同，可分为外购的无形资产、自行开发的无形资产、投资者投入的无形资产、企业合并取得的无形资产、债务重组取得的无形资产、以非货币性资产交换取得的无形资产，以及政府补助取得的无形资产等。

无形资产按其使用寿命是否有期限，可分为有期限无形资产和无期限无形资产。无形资产的使用寿命是否有期限，应在企业取得无形资产时就加以分析和判断，其中需要考虑的因素很多。

（二）无形资产的管理原则

对企业的无形资产进行科学的管理，是企业财务管理的一项重要任务。在日常管理中，要在以下五个方面强化无形资产管理。

1. 树立无形资产的管理观念

无形资产作为企业一项重要的资产，只有树立正确管理无形资产的观念，才能保障企业的正当权益，维护企业的形象，使无形资产更好地为企业创造最佳的经济效益。良好的企业形象能给企业带来无穷的益处：预先为新产品的成功做了保证，为保留或吸引人才创造了条件，为吸引社会资金提供了方便，有助于增进政府对企业的好感和帮助，有助于建立良好的营销网络。因此，企业应牢固树立无形资产的管理观念。

2. 科学地进行计价和核算

无形资产是以价值形式进行核算和管理的。无形资产本身具有特殊性质，在对无形资产进行价值评估时，应坚持以成本计价原则为基础，同时充分考虑相关因素对无形资产价值的影响，从而维护无形资产购销双方的利益。在核算无形资产时，应及时对外购无形资产、自行开发无形资产、无形资产摊销、无形资产减值、无形资产处置、无形资产出租等业务进行正确的核算和记录。只有这样，才能保证各期的无形资产成本均衡合理，避免少报资产，以合理地调节利润。

3. 建立健全无形资产的管理制度

由于无形资产是企业拥有的一个特殊资产项目，所以，无形资产的市场价值、经济源泉、框架概念、确认计量、信息披露等诸多领域，都要求企业建立完善有效的无形资产管理制度，以保障和维护企业的利益，充分发挥无形资产的效能，提高无形资产的使用效益。

4. 重视无形资产的创建和发展

创立和积累无形资产的基本目的，是取得企业最大的经济效益。无形资产的创建和发展，形成企业文化，而企业文化是一种管理文化和经济文化，它包括企业经营的最高目标、经营思想、经营哲学、经营发展战略及有关制度等，力求用较少的消耗取得较大的效益。因此，重视无形资产的创建和发展，可以从根本上改善企业的素质、增强企业的活力、提高企业的竞争能力。

5. 加强对无形资产的法律保护

无形资产具有盈利功能、促销功能、竞争功能、扩张功能和导购功能等，它的价值构成企业的核心竞争力。在市场竞争中，企业的产品、资金、技术、人才、管理，别人都可以模仿，无形资产经过注册，是任何人都无法学习和取而代之的。例如，可口可乐的绝密配方无疑是最重要的核心竞争力，但是当有人敲诈说要公布其配方时，可口可乐公司说你公布吧，只要它不叫可口可乐就行。可见，同品牌相比绝密配方也要逊色一筹。所以，加强对无形资产的法律保护是企业财务管理的一个重要内容。

四、外汇管理

外汇是一国特有的以外币表示的、用以进行国际结算的支付手段。外汇包括以下内容：外国货币，包括钞票、铸币等；外国有价证券，包括政府公债、国库券、公司债券、股票、息票；外币支付凭证，包括票据、银行存款凭证、邮政储蓄凭证；其他外汇资金。国际发生的债权、债务问题，必须按约定的条件清偿。因此，外汇的实质是外汇成为清偿国际债权、债务的手段。

（一）外汇的特点和种类

1. 外汇的特点

并非所有国家的货币都能成为外汇。只有在国际上被广泛用作国际结算支付手段和流通手段的货币才是真正意义上的外汇。因此，一种货币要成为外汇，必须具备以下四个条件：

（1）外币性

外币性即外汇必须是以外币计值的，可以用于对外支付的金融资产。

（2）可兑换性

可兑换性指的是外汇必须能自由兑换成其他国家的货币。

（3）普遍接受性

普遍接受性是指外汇能在国际经济往来中被各国普遍接受和使用。

（4）可偿性

可偿性是指外汇所代表的资产必须是在国外能够得到偿付的货币债权。在多边清偿中，如果外汇的支付凭证在国外无法得到偿付，就不能用作本国对第三国债务的清偿。

2. 外汇的种类

外汇以下有多种分类法：按其能否自由兑换，外汇可分为自由外汇和记账外汇；按其来源和用途，外汇可分为贸易外汇和非贸易外汇；按其买卖的交割期，外汇可分为即期外汇和远期外汇。在我国外汇银行业务中，还经常要区分外汇现汇和外币现钞。

（1）自由外汇和记账外汇

自由外汇是指无须经过货币发行国家批准，既可在国际市场上自由买卖、随时使用，又可以自由转换为其他国家货币的外汇。它在国际交往中能作为支付手段广泛地使用和流通，如美元、英镑、瑞士法郎、日元、德国马克等。记账外汇通常只能根据两个国家间的支付协定在两国间使用。记账外汇一般只在双方银行账户上记载，既不能转让给第三国使用，也不能兑换成自由外汇。

（2）贸易外汇和非贸易外汇

贸易外汇是指来源于出口的收汇和用于支付进口的货款以及与进出口贸易有关的从属费用，如运费、保险费、样品、宣传、推销费用等所用的外汇；非贸易外汇是指除进出口贸易以外收支的外汇，如侨汇、旅游、港口、民航、会展、文教、保险、银行、对外承包工程等外汇收入和支出。

（3）即期外汇和远期外汇

即期外汇是指外汇买卖成交后，交易双方于当天或两个交易日内办理交割手续的外汇。即期外汇交易是外汇市场上最常用的一种交易方式。远期外汇则是指市场交易主体在成交后，按照远期合同规定，在未来（一般在成交日后的三个营业日之后）按规定的日期交易的外汇。远期外汇交易是有效的外汇市场中必不可少的组成部分。

（4）外汇现汇和外币现钞

外汇现汇是指通过银行汇入汇出，用于清偿国际债权、债务的自由外汇；外币现钞是指外国钞票、铸币，主要由境外携入或从境内带出。

（二）外汇管理体制及制度

1. 外汇管理体制

国家授权外汇管理局为行使外汇管理的专设机构。它主要行使以下职权：

（1）根据国家对外政策和国内经济发展的需要，制定全国统一的外汇管理法令。

（2）集中管理外汇资金。

（3）对外资、侨资、中外合资银行和外商投资企业外汇业务活动进行管理。

（4）考核和审批国内各单位的外汇收支。

（5）管理人民币对外汇率，制定和发布人民币汇率，禁止外币在境内流通。

中国银行是经营外汇业务的主要机构，统一办理中国的外汇业务，是中国的国际结算中心、外汇信贷中心、外币的出纳中心。

2. 我国外汇管理制度

我国外汇管理体制实行“集中管理，统一经营”的方针，对外汇进行严格的管理。我国外汇管理制度主要包括以下五个方面的内容：

（1）实行以市场供求为基础的、单一的、有管理的浮动汇率制。

（2）实行银行结汇、信汇制。

（3）建立银行间的外汇交易市场，改进汇率形成机制。

（4）禁止外币在境内计价结算和流通。

（5）国家运用经济、法律手段实现对外汇和国际收支的宏观调控。

3. 外汇管理的内容

我国在实施外汇管理中，坚持以下三项基本制度：一是国际收支统计申报制度，我国境内凡有国际收支活动的单位和个人，都必须进行国际收支统计申报。二是境内禁止外币流通，不得以外币计价结算；三是检举制度，任何单位和个人都有权检举、揭发违反外汇管理的行为。

（1）经常项目的外汇管理。经常项目是指一个国家的国际收支中经常发生的交易项目，包括贸易收支、劳务收支、单方面资产转移等，它是整个国际收支中最大的项目。对经常项目的外汇管理包括对境内机构的管理、对境外个人持汇用汇的管理、对驻华外国机构和来华人员的外汇管理。

（2）资本项目的外汇管理。资本项目是指国际收支中因资本输出、输入而产生的资产与负债的增减项目，包括直接投资、各类贷款、证券投资等。对资本项目进行外汇管理必须按规定进行：境内机构资本项目的外汇收支应在指定银行开立外汇账户；卖给外汇指定银行的，须经外汇管理机构批准；境内机构向境外投资必须向主管部门申请，按规定办理有关资金汇出手续；实行国家对外债的登记制度，定期公布外债情况；提供对外债担保，须经外汇管理机构批准；依法对外商投资企业终止清算、纳税进行管理监督。

（3）对金融机构外汇业务的管理按《中华人民共和国外汇管理条例》执行。

（4）人民币汇率管理。按照《中华人民共和国外汇管理条例》规定，我国人民币实行单一的、有管理的浮动汇率制度。中国人民银行根据商业银行间外汇市场形成的汇价，每日公布人民币对美元交易的中间价，并参照国际外汇市场变化，同时公布人民币对其他主要货币的汇率。

（5）外汇市场管理。《中国人民银行关于进一步改革外汇管理体制的公告》明确了我国建立全国统一的银行间的外汇交易市场的方针，国务院外汇管理部门负责规定和调整外汇交易市场的币种和形式，并依法监督管理全面的外汇市场。外汇市场的主要职能是为各外汇指定银行相互调剂外汇余缺和清算服务。外汇交易应遵循公开、公平、公正和诚实信用的原则。中国人民银行根据货币政策的要求和外汇市场的变化，依法对外汇市场进行调控。

第二节 投资管理

随着市场经济的快速发展，企业的投资管理步入新的阶段，但是一些企业在投资实践的过程中，仍会存在一些问题，影响投资的效果，阻碍了企业的发展。本节笔者从企业投资管理的重要性入手，分析当前企业投资管理过程中存在的问题以及其产生的原因，对如何加强企业投资管理做出了简要探讨，提出科学的投资策略。

一、筹资管理工作要点

筹资活动是企业根据生产经营、对外投资和调整资本结构等需要，通过各种筹资渠道和方式经济有效地筹措资金的一项基本财务活动。通过筹资活动，企业取得投资和日常生产经营活动所需的资金，从而使企业投资、生产经营活动能够顺利进行。

（一）预测筹资数量

企业在开展筹资活动之前，需要科学、合理地预测其未来一定时期内所需要的资金数量，即预测资金需要量，从而保证筹集的资金既能满足生产经营需要，又不会有过多闲置。在预测资金需要量时，企业应根据实际情况选择合适的预测方法，综合考虑经营规模、利息率、对外投资额、信用状况等因素，做到预测的资金需要量科学、准确、合理。

预测资金需要量比较常用的方法有因素分析法、销售百分比法和资金习性预测法，具体见表 3-10。

表 3-10　资金需要量预测方法

预测方法	预测原理	预测公式
因素分析法	以有关项目基期年度的平均资金需要量为基础，根据预测年度的生产经营任务和资金周转速度要求进行分析调整，从而预测资金需要量	资金需要量-（基期资金平均占用额-不合理资金占用额）×（1±预测期销售增减率）×（1-预测期资金周转速度增长率）
销售百分比法	根据某些资产和负债项目与销售额存在稳定的百分比关系，通过预计销售增长情况预测资金需求增长额，再扣除利润留存后，预测所需要的外部筹资额	外部融资需求量=（随销售变动的敏感性资产与销售额的关系百分比-随销售变动的敏感性负债与销售额的关系百分比）×销售变动额-销售净利率×利润留存率×预测期销售额
资金习性预测法	根据资金的变动同产销量变动之间的依存关系这一资金习性，预测外来资金需要量	回归直线方程：$Y = a + bX$ 式中，因变量 Y 为资金占用量；自变量 X 为产销量；a 为不变资金；b 为单位产销量所需变动资金

（二）选择筹资渠道

筹资渠道是指筹集资金来源的方向与通道，体现了资金的源泉和流量。从筹资来源的角度看，企业筹资渠道可分为内部渠道和外部渠道。内部筹资主要指企业日常生产经营过程中，在维持原有经营规模的前提下所形成的利益积累，即通过利润留存形成筹资来源。外部筹资是指企业向外部社会更广范围筹集资金。

从企业内部筹资具有保密性好、风险小的优点，一般没有筹资费用。从企业外部筹资则具有速度快、弹性大、资金量大的优点，但缺点是保密性差、风险较大、筹资成本也较高。企业在进行筹资决策时，应综合考虑自身实际以及外部资本市场的变化情况，选择合适的筹资渠道。

（三）确定筹资方式

筹资方式是指企业筹集资金所采取的具体形式，不同筹资渠道的资金可以通过不同的筹资方式取得。一般来讲，企业主要的筹资方式包括三种，即债务筹资、股权筹资和混合筹资。企业在进行筹资决策时，可综合权衡筹资风险和收益，选择不同的筹资方式组合，达到企业筹资目的。

各种筹资方式在资金成本、筹资风险、灵活性、方便程度、筹资期限、使用限制方面应做好比较分析。

（四）计量资本成本

企业作为筹资者，从各种渠道、利用各种筹资方式筹集所需资金，都需要为取得资本使用权而付出一定的代价，资本成本即企业筹集和使用资金所付出的代价。

准确的计量资本成本能够为企业选择筹资渠道和筹资方式、做出筹资决策提供客观依据，在计量资本成本时，可从绝对数和相对数两个角度来考虑。

1. 资本成本绝对数

从绝对数来看，资本成本包括筹资费用和占用费用，计算公式为：

$$\text{资本成本}=\text{筹资费用}+\text{占用费用} \tag{3-5}$$

式中：筹资费用包括借款手续费、股票/债券发行费、评估费、公证费、律师费、广告费等；占用费用包括利息支出、股利支出、租金支出等。

2. 资本成本相对数

从相对数来看，资本成本可用资本成本率来表示，在不考虑货币时间价值时，其计算公式为：

$$\text{资本成本率} - \frac{\text{年资金占用费}}{\text{筹资总额} - \text{筹资费用}} = \frac{\text{年资金占用费}}{(1 - \text{筹资费用率})} \tag{3-6}$$

企业筹资的资本成本，需要通过资金使用取得的收益与报酬来补偿，资本成本率即是企业使用资金所要求达到的最低投资报酬率。在各种筹资方式对企业控制权的影响、对投资者的吸引力、筹资方便程度、筹资风险等因素相同的条件下，企业应选择资本成本率最低的筹资方式。

（五）优化资本结构

长期负债和权益资本构成了企业的资本结构，各种不同的筹资方式组合决定了企业的资本结构及其变化。总的来看，企业通过不同筹资方式筹集到的资金分为债务资本和权益资本两大类。一般情况下，债务资本与权益资本相比，其资本成本较低，但其财务风险比权益资本要大一些。优化资本结构，即要求企业在进行筹资决策时，权衡负债的低资本成本和高财务风险关系，确定合理的资本结构。

企业在进行资本结构决策时，应计算和比较各种可能的筹资组合方案的平均资本成本，选择平均资本成本率最低的筹资方案，从而确定企业筹资相对最优的资本结构。平均资本成本是指在多种筹资方式下的综合资本成本，是对各项个别资本成本率进行加权平均而得到的总资本成本率，其计算公式为：

$$K_w = \sum_{j=1}^{n} K_j W_j \tag{3-7}$$

式中：K_w ——平均资本成本；

K_j ——第 j 种个别资本的资本成本率；

W_j ——第 j 种个别资本占全部资本的比重。

由此可见，企业改变资本结构时，其平均资本成本也会随之改变。增加债务资本的权重，会使平均资本成本降低，但同时会提高企业的财务风险，因此，企业在进行筹资决策时，应考量适度负债，选择资本成本最小化的资本结构。

二、项目投资管理

投资活动，是指企业为获取未来长期收益而向一定对象投放资金的经济行为，是企业筹资活动的延续，也是筹资的重要目的之一。投资活动作为企业的一种盈利活动，对于筹资成本补偿和企业利润创造，具有举足轻重的意义。

（一）投资项目现金流量分析

现金流量，是指一个投资项目所引起的企业现金支出和现金收入增加的数量，包括现金流出量、现金流入量和现金净流量三个概念。所谓现金，不仅包括库存现金、银行存款等货币性资产，还包括非货币性资产（如厂房、设备、原材料等）的变现价值。

现金流量可按照投资项目的整个生命周期进行归属。

1. 投资期的现金流量

投资阶段的现金流量主要是现金流出量，即在该投资项目上的原始投资，包括长期资产投资（如固定资产的购置成本、运输费、安装费等）和营运资金垫支（投资项目形成生产能力后，需要追加投入的日常营运资金）。

2. 营业期的现金流量

营业阶段的现金流量既有现金流入量，也有现金流出量。现金流入量主要指营运各年的营业收入，现金流出量主要指营运各年的付现营运成本和所得税。因此，投资项目正常营运阶段所获得的营业现金净流量为：

$$营业现金净流量=营业收入-付现成本-所得税 \tag{3-8}$$

3. 终结期的现金流量

投资项目终结阶段的现金流量主要为现金流入量，包括固定资产退出生产经营的变价净收入和收回的项目开始时垫支的营运资金。

（二）投资项目财务评价指标

企业进行投资决策，需要采用一些专门的评价指标和方法对投资项目进行分析和评价。比较常用的财务评价指标包括净现值、内含报酬率和回收期，具体如表 3-11 所示。

表 3-11 投资项目财务评价指标

评价指标	内涵	公式	评价原理
净现值（NPV）	一个投资项目未来现金净流量现值与原始投资额现值之间的差额为净现值	净现值=未来现金净流量现值-原始投资额现值	其他条件相同时，净现值越大，投资项目越好。净现值大于或等于零，说明项目的投资回报率高于或刚好达到所要求的报酬率，项目可行

续表

评价指标	内涵	公式	评价原理
年金净流量（ANCF）	投资项目期间内全部现金净流量总额（未来现金净流量与原始投资额的差额）的总现值或总终值折算为等额年金的平均现金净流量	年金净流量=现金净流量总现值/年金现值系数或年金净流量=现金净流量总终值/年金终值系数	比较两个以上期限不同的投资项目时，年金净流量越大，项目越好。年金净流量指标的结果大于零，说明每年平均的现金流入能抵补现金流出投资项目的净现值或净终值大于零，报酬率大于预期报酬率，项目可行
现值指数（PVI）	投资项目的未来现金净流量现值与原始投资额现值之比	现值指数=未来现金净流量现值/原始投资额现值	其他条件相同时，现值指数越大，投资项目越好。现值指数大于或等于1，说明项目的投资报酬率高于或等于预期报酬率，项目可行
内含报酬率（IRR）	对投资项目未来的每年现金净流量进行贴现，使所得现值恰好与原始投资额现值相等，从而使净现值等于零时的贴现率	内含报酬率=未来每年现金净流量×年金现值系数-原始投资额现值	先计算净现值为零时（以预期投资回报率作为贴现率）的年金现值系数，再找出相应的贴现率，即为投资项目的内含报酬率。内含报酬率大于预期投资回报率，则项目可行
回收期（PP）	投资项目未来现金净流量等于原始投资额时所经历的时间为回收期	回收期（静态）=原始投资额/每年现金净流量	其他条件相同时，投入资本收回的时间越短，即回收期越短，则投资项目越好

由表3-11可知，对投资项目进行财务评价时，现金流量是主要的分析对象，净现值、现值指数、内含报酬率、回收期等财务指标均以现金流量为基础。企业在进行投资决策时，投资项目的现金流量状况比盈亏状况更重要。所以，判断投资项目是否可行、有无经济上的效益，应重点关注项目能否带来正现金流量，即整个项目能否获得超过项目投资的现金回收。

（三）固定资产投资项目管理

固定资产反映了企业的生产经营能力，固定资产投资决策是项目投资决策的重要组成部分。所谓固定资产投资，是指建造和购置固定资产的经济活动，即固定资产再生产活动，主要包括固定资产更新（局部和全部更新）、改建、扩建、新建等。

固定资产投资项目管理一般包括如下六个部分：

1. 投资立项审批

投资立项审批，包括编制项目建议书，开展项目可行性研究、环境影响评价及其他专项评估，履行相关审批手续等。

2. 项目计划管理

拟订和下达项目实施计划，与项目承担单位签订项目责任书。

3. 项目实施管理

项目承担单位按照批准的项目实施计划和具体实施方案实施项目，企业项目归口管理单位对项目实施过程进行跟踪、督促和协调，企业其他各单位密切配合项目实施工作。

4. 投资项目验收

投资项目验收，包括项目财务验收、项目档案验收及项目整体竣工验收等。

5. 投资项目后评价

投资项目后评价，主要包括项目全过程的回顾、项目绩效和影响评价、项目目标实现程度和持续能力评价、经验教训和对策建议。

6. 投资项目统计

投资项目统计，主要包括投资项目基本情况统计、单项工程统计、项目投资完成情况统计、项目费用统计、项目资金来源情况统计等。

（四）证券投资风险收益评估

证券投资是指企业以金融资产（如股票、债券、基金及其衍生证券等）为对象进行投资，从而获得投资收益或达到特定经营目的的一种投资行为。

企业进行证券投资决策，一般会从证券投资的风险和收益两方面进行评价。

表 3-12 中对债券投资和股票投资的风险、收益进行具体分析。

表 3-12 债券和股票投资风险收益分析

证券分类	债券	股票
基本要素	票面价值、票面利率、债券价格、偿还期限	股票面值、股票市值、股权、股息、红利
估价基本模型	$V_b = \sum_{t=1}^{n} \frac{I_t}{(1+R)^t} + \frac{M}{(1+R)^n}$ 式中：V_b 表示债券价值；I 表示债券各期利息；M 表示债券面值；R 表示估价时所采用的贴现率，即所期望的最低投资报酬率	$V_s = \sum_{t=1}^{\infty} \frac{D_t}{(1+R)_s^t}$ 式中：V_s 表示股票价值；D_t 表示股票各期股利；R_s 表示估价时所采用的贴现率，即所期望的最低收益率
收益来源	1. 名义利息收益 2. 利息再投资收益 3. 价差收益	1. 股利收益 2. 股利再投资收益 3. 转让价差收益
投资风险	1. 系统性风险（价格风险、再投资风险、购买力风险等） 2. 非系统性风险（违约风险、变现风险、破产风险等）	

三、证券投资管理

（一）证券投资概述

企业除了直接将资金投入生产经营活动，进行直接投资外，常常还将资金投放于有价证券，进行证券投资。证券投资相对于项目投资而言，变现能力强，少量资金也能参与投资，便于随时调用和转移资金，这为企业有效利用资金，充分挖掘资金的潜力提供了十分理想的途径，所以，证券投资已经成为企业投资的重要组成部分。

1. 证券的概念及特点

证券是指具有一定票面金额，代表财产所有权和债权，可以有偿转让的凭证，如股票、债券等。

证券具有流动性、收益性和风险性三个特点。

（1）流动性

流动性又称变现性，是指证券可以随时抛售取得现金。

（2）收益性

收益性是指证券持有者凭借证券可以获得相应的报酬。

证券收益一般由当前收益和资本利得构成。以股息、红利或利息所表示的收益称为当前收益。由证券价格上升（或下降）而产生的收益（或亏损），称为资本利得或差价收益。

（3）风险性

风险性是指证券投资者达不到预期的收益或遭受各种损失的可能性。证券投资既有可能获得收益，也有可能带来损失，具有很强的不确定性。

流动性与收益性往往成反比，而风险性则一般与收益性成正比。

2. 证券投资的概念和目的

证券投资是指企业为获取投资收益或特定经营目的而买卖有价证券的一种投资行为。不同企业进行证券投资的目的各有不同，但总的来说有以下四个方面：

（1）充分利用闲置资金，获取投资收益

企业正常经营过程中有时会有一些暂时多余的资金闲置，为了充分、有效地利用这些资金，可购入一些有价证券，在价位较高时抛售，以获取较高的投资收益。

（2）为了控制相关企业，增强企业竞争能力

企业有时从经营战略上考虑需要控制某些相关企业，可通过购买该企业大量的股票，从而取得对被投资企业的控制权，以增强企业的竞争能力。

（3）为了积累发展基金或偿债基金，满足未来的财务需求

企业若考虑在将来扩建厂房或归还到期债务，可按期拨出一定数额的资金投入一些风险较小的证券，以便到时售出，满足所需的整笔资金的需求。

（4）满足季节性经营对现金的需求

季节性经营的公司在某些月份资金有余，而有些月份则会出现短缺，可在资金剩余时购入有价证券，短缺时则售出。

（二）证券投资的种类

1. 证券的种类

（1）按证券体现的权益关系分类

证券可分为所有权证券、信托投资证券和债权证券，所有权证券是一种既不定期支付利息，也无固定偿还期的证券，它代表投资者在被投资企业所占权益的份额，在被投资企业盈利且宣布发放股利的情况下，才可能分享被投资企业的部分净收益，股票是典型的所有权证券。信托投资证券是由公众投资者共同筹集、委托专门的证券投资机构投资于各种证券，以获取收益的股份或收益凭证，如投资基金。债权证券是一种必须定期支付利息，并要按期偿还本金的有价证券，各种债券如国库券、企业债券、金融债券都是债权证券。所有权证券的投资风险要大于债权证券。投资基金的风险低于股票投资而高于债券投资。

（2）按证券的收益状况分类

按收益状况，证券可分为固定收益证券和变动收益证券。固定收益证券是指在证券票面上规定有固定收益率，投资者可定期获得稳定收益的证券，如优先股股票、债券等。

变动收益证券是指证券票面无固定收益率，其收益情况随企业经营状况而变动的证券。变动收益证券风险大，投资报酬也相对较高；固定收益证券风险低，投资报酬也相对较低。

（3）按证券发行主体分类

证券按发行主体可分为政府证券、金融证券和公司证券三种。政府证券是指中央或地方政府为筹集资金而发行的证券，如国库券等；金融证券是指银行或其他金融机构为筹集资金而发行的证券；公司证券又称企业证券，是工商企业发行的证券。

（4）按证券到期日的长短分类

按证券到期日的长短，可分为短期证券和长期证券。短期证券是指一年内到期的有价证券，如银行承兑汇票、商业本票、短期融资券等；长期证券是指到期日在一年以上的有价证券，如股票、债券等。

2. 证券投资的分类

（1）债券投资

债券投资是指企业将资金投入各种债券，如国债、公司债和短期融资券等。相对于股票投资，债券投资一般风险较小，能获得稳定收益，但要注意投资对象的信用等级。

（2）股票投资

股票投资是指企业购买其他企业发行的股票作为投资，如普通股、优先股股票。股票投资风险较大，收益也相对较高。

（3）组合投资

组合投资是指企业将资金同时投放于债券、股票等多种证券，这样可分散证券投资风险，组合投资是企业证券投资的常用投资方式。

（4）基金投资

基金就是投资者的钱和其他许多人的钱合在一起，然后由基金公司的专家负责管理，用来投资于多家公司的股票或者债券。基金按受益凭证可否赎回分为封闭式基金与开放式基金。封闭式基金在信托契约期限未满时，不得向发行人要求赎回；而开放式基金就是投资者可以随时要求基金公司收购所买基金（赎回），当然目标应该是卖出价高于买入价，同时在赎回的时候，要承担一定的手续费。而投资者的收益主要来自基金分红。与封闭式基金普遍采取的年终分红不同，根据行情和基金收益状况的不定期分红是开放式基金的主流分红方式。基金投资由于由专家经营管理，风险相对较小，正越来越受广大投资者的青睐。

（三）证券投资的一般程序

1. 合理选择投资对象

合理选择投资对象是证券投资成败的关键，企业应根据一定的投资原则，认真分析投资对象的收益水平和风险程度，以便合理地选择投资对象，将风险降低到最低限度，并取得较好的投资收益。

2. 委托买卖

由于投资者无法直接进场交易，买卖证券业务须委托证券商代理。企业可通过电话委托、计算机终端委托、递单委托等方式委托券商代为买卖有关证券。

3. 成交

证券买卖双方通过中介券商的场内交易员分别出价委托，若买卖双方的价位与数量合适，交易即可完成，这个过程叫成交。

4. 清算与交割

企业委托券商买入某种证券成功后，即应解交款项、收取证券。清算即指证券买卖双方结清价款的过程。交割是指券商向企业交付证券而企业向券商支付价款的过程。

5. 办理证券过户

证券过户只限于记名证券的买卖业务。当企业委托买卖某种记名证券成功后，必须办理证券持有人的姓名变更手续。

四、资金投资管理

（一）债券投资管理

1. 债券投资概述

（1）债券投资的概念

债券投资是指投资者通过购入债券以取得债券利息和买卖差价的投资行为。作为债券投资载体的债券有以下四个方面的内涵：第一，发行人是借入资金的经济主体；第二，投资者是出借资金的经济主体；第三，发行人需要在一定时期内还本付息；第四，反映了发行人和投资者之间的债权与债务关系，而且是这一关系的法律凭证。

（2）债券的特点

①偿还性

债券有规定的偿还期限，债务人必须按期向债权人支付利息和偿还本金。

②流动性

债券持有人可按自己的需要和市场的实际状况，转出债券收回本息。债券流动性的强弱主要取决于市场对转让债务所提供的便利程度。

③安全性

债券持有人的收益相对固定，不随发行人经营收益的变动而变动，并且可按期收回本金。

④收益性

债券能为投资者带来一定的收入。

2. 债券价值的确认

（1）债券价值确认的基本原理

债券价值即债券投资价值，是投资者投资债券后预期现金流入的现值，是投资者进行投资可以接受的最高价格。如果债券持有到期，则债券投资未来的流入包括债券利息和债券到期时收到的本金，求债券价值就是求债券利息和本金的现值；如果债券不打算持有到期而中途转让，则债券投资未来的流入包括债券利息和转让价格，求债券价值就是求债券利息和转让价格的现值。

由此可见，债券价值的计算原理与债券发行价格的计算原理差不多，都是求现值，其未来的流量都主要是利息和本金。二者的区别在于以下两个方面：一方面，流量性质不一样，债券发行价格是站在发行人的角度，发行人未来要支付利息和本金，主要是流出，因而求债券发行价格就是求未来流出的现值，债券价值是站在投资者的角度，投资者未来要获得利息收入及收回本金，主要是流入，因而求债券价值是求未来流入的现值；另一方面，求现值用到的折现率不一样，债券发行价格用的是市场利率，也就是债券发行人的实际资本成本率，或者是债券投资者的实际收益率，债券价值用的是投资者要求的必要报酬率，即投资者期望达到的一个最低收益率，它可以是市场利率或者行业平均收益率或者企业期望的收益率。

一般情况下，只有当债券价值高于购买价格时，才能购买债券。因为价值是未来的流入，而价格是流出，流入大于流出，净现值大于零，具有财务可行性，所以，只有当债券价值高于购买价格时，才能购买债券。

（2）不同种类债券价值的确认

投资者进行债券投资，其主要目的是获取利息收入，计息方式不同，债务价值的具体计算也不同。按照计息方式的不同，债券有复利债券、单利债券和贴现债券之分。复利债券是指按复利计息，即对本金和本金所产生的前期利息计算的债券；单利债券是指按单利计息，即只对本金计息的债券；贴现债券是指以低于面值发行，债务发行价格与票面金额之差相当于预先支付的利息，债券期满按面值偿付的债券。

①到期还本、分期付息债券价值的确认

债券持有到期时的价值计算公式为：

$$P = M \times i \times (P/A, K, n) + M \times (P/F, K, n) \tag{3-9}$$

式中：P——债券价值；

M——债券面值；

i——债券票面利率；

K——折现率；

n——付息期数。

如果债券发生中途转让，其价值就是转让之前所获利息收现值与转让价格现值之和。

②到期一次还本付息且不计复利的债券价值的确认

债券持有到期时的价值计算公式为：

$$P = M \times (1 + i \times n) \times (P/F, K, n) \tag{3-10}$$

如果债券发生中途转让，则投资者只能获得一笔转让价格收入，因而求其价值就是求中途转让价格的体现的价值。

③贴现债券价值的确认

由于贴现债券的未来流入只有一笔债券面值，所以，求其价值就是求到期面值的现值。该债券持有到期时的价值计算公式为：

$$P = M(P/F, K, n) = \frac{M}{(1 + K)^n} \tag{3-11}$$

如果债券发生中途转让，则投资者只能获得一笔转让价格收入，因而求其价值就是求中途转让价格的价值。

（3）债券投资收益的计算

收益的高低是影响债券投资的主要因素，债券投资收益有绝对数和相对数两种表达方式。在财务管理中，通常用相对数即收益率来表示债券投资收益，收益率通常有票面收益率、直接收益率、持有期收益率和到期收益率之分。只有投资债券的实际收益率高于投资者要求的最低报酬率时，企业才进行债券投资。

①票面收益率

票面收益率又叫作名义收益率，是印制在债券票面上的固定利率，通常指债券年利息收入与债券面值的比率。其计算公式为：

$$票面收益率 = \frac{债券年利息收入}{债券面值} \times 100\% \tag{3-12}$$

如果投资者在债券发行日以面值购入债券并持有到期，则其投资收益率与票面收益率相等。

②直接收益率

直接收益率又称为本期收益率，是指债券年利息收入与债券买入价格的比率。其计算公式为：

$$直接收益率 = \frac{债券年利息收入}{债券买入价格} \times 100\% \tag{3-13}$$

直接收益率反映的是投资者的投资成本所带来的收益。

③持有期收益率

持有期收益率是指投资者在买入债券并持有一段时间，在债券到期前将其出售而得到的收益率。它包括持有债券期间的利息收入和资本损益。

④到期收益率

到期收益率是指企业购入债券后持有到期所获得的收益率。按照企业购入债券至持有到期的时间是否超过一年，到期收益率可分为短期债券到期收益率和长期债券到期收益率。计算长期债券到期收益率时，需要考虑资金的时间价值。

短期债券到期收益率。短期债券是指从购入至持有到期的时间不超过一年的债券。在计算短期债券到期收益率时不需要考虑资金的时间价值。

长期债券到期收益率。长期债券是指从购入至持有到期的时间超过一年的债券。计算长期债券的到期收益率时，需要考虑资金的时间价值。其计算原理与短期债券持有期收益率的计算原理相同，即计算现金流入等于现金流出的折现率。需要注意的是：持有期收益率的未来流入是未来利息收入和债券卖出价格，而到期收益率的未来流入是未来利息收入和本金收回。

（二）股票投资管理

1. 股票投资的概述

（1）股票投资的概念

股票是指股份有限公司为了筹集自有资金而发行的代表所有权的有价证券。购买股票是企业投资的一种重要方式。股票投资的目的主要有两个：一是获利，即作为一般的证券投资，获取股利收入及股票买卖差价；二是控股，即通过购买某一企业的大量股票达到控制该企业的目的。

（2）股票投资的特点

股票投资和债券投资都属于证券投资。总的来说，证券投资与其他投资一样，具有高风险、高收益、易于变现的特点。但股票投资相对于债券投资而言又具有以下特点：

①股票投资是权益性投资

股票投资与债券投资虽然都是证券投资，但它们投资的性质不同，股票投资是权益性投资，股票是代表所有权的凭证，持有人作为发行公司的股东，有权参与公司的经营决策。

②股票投资的风险高

投资者购买股票后，不能要求股份有限公司偿还本金，只能在证券市场上转让股票。因此，股票投资者至少面临两个方面的风险：一是由于股票发行公司经营不善所形成的风险；二是由于股票市场价格变动所形成的价差损失风险。

③股票投资的收益高

由于投资的高风险性，股票作为一种收益不固定的证券，其收益率一般高于债券的收益率。

④股票投资的收益不稳定

股票投资的收益主要是公司发放的股利和股票转让的价差收益，相对于债券而言，其稳定性较差。

⑤股票价格的波动性大

股票价格既受到发行公司经营状况的影响，又受到股市投机等因素的影响，波动性极大。

2. 股票价值的确认

（1）股票价值确认的基本原理

股票价值，即股票投资价值，是投资者投资股票后预期现金流入的现值。股票给持有者带来的未来现金流入包括股利收入和出售股票的收入两个部分。其价值计算基本公式为：

$$P = \sum_{t=1}^{n} \frac{R_t}{(1+K)^t} \tag{3-14}$$

式中：P——股票价值；

R_t——股票第 t 年的现金流入量（包括股利收入、出售股票的收入）；

K——股票折现率；

n——股票持有年限。

股票价值的计算原理与现金流量折现法确定股票发行价格的计算原理差不多，都是求现值，但在流量性质及折现率的选取上有区别。

同债券一样，一般情况下，只有当股票价值高于股票购买价格时，股票才值得购买。

（2）不同种类股票价值的确认

①零增长股票价值的确认

零增长股票即每期股利是固定的股票，其价值计算公式为：

$$P = \frac{D}{K} \tag{3-15}$$

式中：D——每期固定的股利。

优先股的股利也是固定的，其价值计算也用这一公式。

②固定增长股票价值的确认

如果企业发行的股票按固定比率增长，则该股票称为固定增长股票，其价值计算公式为：

$$P = \frac{D_1}{K-g} \tag{3-16}$$

式中：D_1——第一年的股利；

g——每年固定的增长率。

③阶段性增长股票价值的确认

阶段性增长股票价值的确认总的来说就是分段计算现值，然后求和。如对于前一阶段是非固定增长的，后一阶段固定增长的股票，其价值计算公式如下：

$$P=\sum_{t=1}^{n}\frac{D_t}{(1+K)^t}+\frac{D_n(1+g)}{K-g}\times(P/F,\ n) \tag{3-17}$$

式中：D_t——第 t 年的股利。

④中途转让股票价值的确认

若中途转让股票，未来现金流入不仅有股利，转让时还有转让价格收入。因此，它的价值是以投资者必要投资利润率为折现率的未来股利收益和未来卖出价格收入的现值，计算公式如下：

$$P=\frac{P_n}{(1+K)^n}+\sum_{t=1}^{n}\frac{D_t}{(1+K)^t} \tag{3-18}$$

式中：P_n——股票卖出价格。

3. 股票投资收益的计算

股票投资收益通常用相对数（收益率）来表示。股票收益率主要有直接收益率、持有期收益率等。

（1）直接收益率

直接收益率是指股票的年现金股利与本期股票价格的比率，其计算公式为：

$$直接收益率=\frac{股票的年现金股利}{本期股票价格}\times 100\% \tag{3-19}$$

式中：股票的年现金股利——发放的上年每股股利；

本期股票价格——该股票在当日证券市场上的收盘价。

（2）持有期收益率

持有期收益率是指投资者买入股票持有一定时期后又卖出该股票，在投资者持有该股票期间的收益率，它反映了股东持有股票期间的实际收益情况。

①短期股票投资持有期收益率，如投资者持有股票时间不超过一年，不考虑复利计息问题，其持有期收益率可按如下公式计算：

$$持有期收益率=\frac{股票年股利+(股票卖出价格-股票买入价格)/持有年限}{股票买入价格}\times 100\% \tag{3-20}$$

②长期股票投资持有期收益率如投资者持有股票的时间超过一年，需要按每年复利一次考虑资金的时间价值，其持有期年均收益率的基本计算原理为：

$$P = \frac{P_n}{(1+K)^n} + \sum_{t=1}^{n} \frac{D_t}{(1+K)^t} \tag{3-21}$$

通过此公式，运用逐步测试法，倒推出股票折现率 K，K 就是所求持有期收益率。

（三）基金投资管理

1. 基金投资的含义

基金投资，是一种利益共享、风险共担的集合投资方式，即通过发行基金股份或收益凭证等有价证券聚集众多的不确定投资者出资，并交由专业投资机构经营运作，以规避投资风险并谋取投资收益的证券投资方式。

2. 投资基金的种类

（1）根据组织形态的不同分类

根据组织形态的不同，投资基金可分为契约型基金和公司型基金两种。

①契约型基金

契约型基金又称为单位信托基金，是指把受益人（投资者）、管理人、托管人三者作为基金的当事人，由管理人与托管人通过签订信托契约的形式发行受益凭证而设立的一种基金。契约型基金由基金管理人负责管理操作；由基金托管人作为基金资产的名义持有人，负责基金资产的保管和处置，对基金管理人的动作实行监督。

②公司型基金

公司型基金是指按照《中华人民共和国公司法》以公司形态组成的一种基金。它以发行股份的方式募集资金，一般投资者购买该公司的股份即为认购基金，也就成为该公司的股东，凭其持有的基金份额依法享有投资收益。

③契约型基金与公司型基金的比较

资金的性质不同。契约型基金的资金是信托财产，公司型基金的资金为公司法人的资本。

投资者的地位不同。契约型基金的投资者购买收益凭证后成为基金契约的当事人之一，即受益人；公司型基金的投资者购买基金公司的股份后成为该公司的股东，以股息或红利形式取得收益。因此，契约型基金的投资者没有管理基金资产的权利，而公司型基金的投资者通过股东大会和董事会享有管理公司基金的权利。

基金的运营依据不同。契约型基金依据信托契约运营基金，公司型基金依据基金公司章程运营基金。

（2）根据变现方式的不同分类

根据变现方式的不同，投资基金可分为封闭式基金和开放式基金两种。

①封闭式基金

封闭式基金是指基金的发起人在设立基金时，限定了基金单位的发行总额，筹集到这个总额后，基金即宣告成立，并进行封闭，在一定时期内不再接受新的投资的一种基金。基金单位的基金流通采取在交易所上市的办法，通过二级市场进行竞价交易。

②开放式基金

开放式基金是指基金的发起人在设立基金时，基金单位的总数是不固定的，可视经营策略和发展需要追加发行的一种基金。投资者也可根据市场状况和各自的投资决策，要求发行机构按现期净资产值扣除手续费赎回股份或收益凭证，或者再买入股份或收益凭证，增加基金单位份额的持有比例。

③封闭式基金与开放式基金的比较

A. 期限不同。封闭式基金通常有固定的封闭期，而开放式基金没有固定的封闭期，投资者可随时向基金管理人赎回股份或收益凭证。

B. 基金单位的发行规模要求不同。封闭式基金在招募说明书中列明其基金规模，开放式基金没有发行规模限制。

C. 基金单位转让方式不同。封闭式基金的基金单位在封闭期内不能要求基金公司赎回。开放式基金的投资者则可以在首次发行结束一段时间（多为三个月）后，随时向基金管理人或中介机构提出购买或赎回申请。

D. 基金单位的交易价格的计算标准不同。封闭式基金的交易价格受市场供求关系的影响，并不必然反映公司的净资产值。开放式基金的交易价格则取决于基金的每单位资产净值的大小，不受供求关系的影响。

E. 投资策略不同。封闭式基金的基金单位数不变、资本不会减少，因此基金可用于长期投资。开放式基金因基金单位可随时赎回，为应付投资者随时赎回兑现，基金资产不能全部用来投资，更不能把全部资本用于长期投资，必须保持基金资产的流动性。

（3）根据投资标的的不同分类

根据投资标的的不同，投资基金可分为股票基金、债券基金、货币基金、期货基金、期权基金、认股权证基金、专门基金等。

①股票基金

股票基金是所有基金品种中最为流行的一种投资基金，它是指投资于股票的投资基金，其投资对象通常包括普通股和优先股，其风险程度比个人投资股票市场的风险程度要小得多，且具有较强的变现性和流动性，因此，它也是一种比较受欢迎的基金。

②债券基金

债券基金是指投资管理公司为稳健型投资者设计的，投资于政府债券、市政公券、企业债券等各类债券品种的投资基金。债券基金一般情况下定期派息，其风险和收益水平通常比股票基金的风险和收益水平低。

③货币基金

货币基金是指由货币存款构成投资组合，协助投资者参与外汇市场投资，赚取较高利息收入的投资基金。其投资工具包括银行短期存款、国库券、市政债券、公司债券、银行承兑票据和商业票据等。这类基金的投资风险低，投资成本低，安全性和流动性高，在整个基金市场上属于低风险的安全基金。

④期货基金

期货基金是指投资于期货市场以获取较高投资回报的投资基金。由于期货市场具有高风险和高回报的特点，因此，投资期货基金既可能获得较高的投资收益，又面临着较高的投资风险。

⑤期权基金

期权基金是指以期权作为主要投资对象的投资基金。期权交易是指期权购买者向期权出售者支付一定的费用后，取得在规定时期内的任何时候，以事先确定好的协定价格，向期权出售者购买或出售一定数量的某种商品合约的权利的一种买卖。

⑥认股权证基金

认股权证基金是指以认股权证为主要投资对象的投资基金。认股权证是指由股份有限公司发行的、能够按照特定的价格，在特定的时间内购买一定数量该公司股票的选择权凭证。由于认股权证的价格是由公司的股份决定的，一般来说，认股权证的投资风险比通常的股票的投资风险要高得多。因此，认股权证基金也属于高风险基金。

⑦专门基金

专门基金是由股票基金发展演化而成的投资基金，属于分类行业股票基金或次级股票基金。它包括黄金基金、资源基金、科技基金、地产基金等。专门基金的投资风险较高，收益水平易受到市场行情的影响。

3. 基金单位价值

基金价值是指基金投资带来的现金净流量。它取决于目前能给投资者带来的现金流量，用基金的净资产价值来表达，这与股票、债券等证券的价值确定依据不同，债券和股票的价值取决于未来的现金流量而不是现在的现金流量。

基金单位价值是指在某一时点每一基金单位（或基金股份）所具有的市场价值，是基金净资产价值总额与基金单位总份额的比率，其计算公式如下：

$$\text{基金单位价值}=\frac{\text{基金净资产价值总额}}{\text{基金单位总份额}} \tag{3-22}$$

$$\text{基金净资产价值总额}=\text{基金资产总额}-\text{基金负债总额} \tag{3-23}$$

在基金净资产价值总额的计算中，基金的负债除了以基金名义对外融资借款以外，还包括应付给投资者的分红基金、应付给基金经理公司的首次认购费、经理费用等各项基金费用。由于基金的负债金额相对固定，基金净资产的价值主要取决于基金资产总额。这里的基金资产总额并不是指资产总额的账面价值，而是指资产总额的市场价值。

开放式基金的柜台交易完全以基金单位价值为基础，通常采用认购价格（卖出价格）和赎回价格（买入价格）两种报价形式。二者的计算公式分别为：

$$\text{基金认购价格}=\text{基金单位净值}+\text{首次认购费} \tag{3-24}$$

$$\text{基金赎回价格}=\text{基金单位净值}-\text{基金赎回费} \tag{3-25}$$

第四章 财务会计负债与所有者权益管理

第一节 财务会计负债

一、流动负债

（一）负债的含义

负债是指过去的交易、事项形成的现实义务，履行该义务预期会导致经济利益流出企业。负债包含以下三层含义：

第一，负债是一项经济责任，或者说是一项义务，它需要企业进行偿还。例如应付账款、应付票据及应付债券等，是典型意义上的负债；销售商应履行的在出售商品时订立的保证契约的责任，服务行业根据合同预收服务费后在规定的未来期限内提供服务的责任等。

第二，清偿负债会导致企业未来经济利益的流出。负债最终都需要清偿，清偿的方式有很多种，大多数负债在将来须以现金支付清偿。也有一些负债则要求企业提供一定的商品或劳务来进行抵偿，如预收收入、售出商品的保证债务等。另外，有些负债项目到期时，还可能用新的负债项目来替代。例如用短期应付票据替代应付账款、用新债券赎回旧债券等。无论用何种方式清偿，都会导致企、业未来经济利益的流出。

第三，负债是企业过去的交易、事项的一种后果，也就是说负债所代表的当前经济责任必须是由企业过去发生的经济业务所引起的。不具有这一特征的预约协议等，都不能作为负债。例如购货预约，它只是买卖双方就将来要进行的商品交易达成的协议，交易业务目前尚未实际发生，故并不构成当前债务责任。

（二）流动负债的性质及计价

流动负债是指将在一年（含一年）或超过一年的一个营业周期内偿还的债务，包括短期借款、应付票据、应付账款、预收账款、应付工资、应付福利费、应付股利、应交税金、其他暂收应付款项、预提费用和一年内到期的长期负债等。

流动负债的基本特征就是偿还期较短。它是企业筹集短期资金的主要来源。将流动负债与流动资产相比较，是判断和评估公司短期偿债能力的重要方法之一。所以，凡属一年或超过一年的一个营业周期内必须清偿的债务，在资产负债表上都必须列为流动负债，不论它最初是流动负债还是长期负债。

流动负债代表着企业未来的现金流出，从理论上说，应按照未来应付金额的贴现来计价。但是，流动负债涉及的期限一般较短，其到期值与其贴现值相差无几。为了简便起见，会计实务中一般都是按实际发生额入账。短期借款、带息的应付票据、短期应付债券应当按照借款本金和债券面值，按照确定的利率按期计算利息，计入当期的财务费用中，体现为当期损益。

（三）流动负债的分类

流动负债可以按不同的分类标准进行不同的划分。为了进一步认识流动负债的性质和特征，下面对流动负债按下列三种标准进行分类。

1. 按偿付手段划分

流动负债可以分为用货币资金偿还的流动负债和用商品或劳务偿付的流动负债两类。

（1）用货币资金偿还的流动负债

此类流动负债的特点是债务到期时，企业须动用现金、银行存款或其他货币资金来偿还，如应付账款、应付票据、短期借款、应付工资、应交税金等。

绝大部分的流动负债都属于此类。

（2）用商品或劳务偿付的流动负债

此类流动负债的特点是债务到期时，企业须动用商品来偿还，或用劳务来抵付，主要是指预收的一些货物或劳务款项、售出产品的质量担保债务等，如预收款项、预计负债。

2. 按应付金额可确定的程度划分

流动负债可划分为可确定性流动负债和不可确定性流动负债即或有负债。

（1）可确定的流动负债

负债是企业承担的现实义务，需要企业将来进行偿还。未来的事项都带有一定的不确定性，但不确定性的程度不同。可确定性流动负债是指不确定性很小，可以较为可靠地计量。其特点是债务的偿还到期日、应付金额等都是有契约或法律规定的，如应付账款、应付票据、长期债务中的流动部分、应付工资、应付福利费、存入保证金（押金）、预收收入及其他应付（暂收）款等。

（2）或有负债

或有负债即不可确定性流动负债，是指过去的交易和事项形成的潜在义务，其存在须通过未来不确定事项的发生或不发生予以证实，或过去的交易或事项形成的现实义务，履行该义务不是很可能导致经济利益流出企业或该义务的金额不能可靠地计量。其特点是这种负债虽确已存在，但没有确切的应付金额，有时甚至也无确切的偿还日期和收款人。因此，这类负债的应付金额就必须根据一定的办法（如以往经验、调研资料等）予以估计，如产品质量担保债务等。

3. 按流动负债产生的环节划分

流动负债按其产生的环节，可分为以下三类。

（1）产生于生产经营环节的流动负债

生产经营环节引起的流动负债，具体又包括两个方面。一是外部业务结算过程中形成的流动负债，如应付账款、应付票据、预收账款、应交税金（流转税）；二是企业内部结算形成的流动负债，如应付工资、应付福利费、预提费用等。

（2）产生于收益分配环节的流动负债

收益分配环节产生的流动负债是指企业根据所实现的利润进行分配所形成的各种应付款项，如应交税金（所得税）、应付利润（股利）等。

（3）产生于融资环节的流动负债

融资环节产生的流动负债是指企业从银行及非银行金融机构筹措资金所形成的流动负债，如短期借款、一年内到期的长期负债等。

二、流动负债核算

（一）企业筹措资金过程中发生的流动负债

1. 短期借款

企业在生产经营中，经常会发生暂时性的资金短缺，为了生产经营的正常进行，需要向银行或其他金融机构取得一定数量的短期资金，由此形成了企业的短期借款。短期借款是指企业向银行或其他金融机构等借入的期限在一年以下（含一年）的各种借款。企业在借入短期借款时，应按实际借入金额，借记"银行存款"，贷记"短期借款"；归还借款时，借记"短期借款"，贷记"银行存款"。

企业使用银行或其他金融机构的资金，要支付一定的利息。企业取得短期借款是一项融通资金的行为，短期借款的利息应作为融通资金的费用计入当期损益。有关短期借款利息的会计核算，要按支付利息的方式不同而进行不同的会计处理。通常利息的支付有两种方式：一是到期连同本金一同支付，在这种情况下，根据会计的重要性原则，如果利息金额较大，需要按期计提利息，借记"财务费用"，贷记"预提费用"，如果金额不大，可以不分期预提，到期随同本金支付时，一次性计入财务费用；二是按期支付，在实际支付或收到银行的计息通知单时，直接计入当期损益，借记"财务费用"，贷记"银行存款"或"现金"。

2. 一年内到期的长期负债

企业为了扩大生产经营规模，进行固定资产投资，要举借大量长期负债。长期负债自资产负债表日起还有一年或超过一年的一个营业周期内的到期部分，虽然仍在长期负债账上，但应视为流动负债核算，这部分长期负债在资产负债表上应转列为流动负债。

必须注意，在下列两种情况下，一年内到期的长期负债不应视为流动负债：

（1）它们的清偿无须动用流动资产或不会产生流动负债。其原因就在于，这部分负债在未来一年内无须以流动资产来支付。因此，如果即将到期的长期负债并不需要用流动资产来偿还，而是用专门积累起来的"偿债基金"偿还，则不能作为流动负债。

（2）它们的清偿需要用新发行长期债券或新发行股票来调换，那么也无须转列为流动负债。

（二）企业购销业务过程中发生的流动负债

1. 应付票据

应付票据，亦称短期应付票据，它是指债务人出具的承诺在一年或一个营业周期内的特定日期支付一定金额的款项给持票人的书面文件。在我国现行的会计制度中核算的应付票据，仅指承兑的商业汇票。

商业汇票是购货企业在正常经营活动中向销货企业出具的承诺在将来特定时日支付一定金额的期票（远期票据）。商业票据按照承兑人的不同，可分为银行承兑汇票和商业承兑汇票。由债务人的开户银行承兑的商业票据称为银行承兑汇票，由债务人直接承兑的商业票据称为商业承兑汇票。商业汇票的期限最长不得超过六个月期。

应付票据按票面是否注明利率可分为带息票据和不带息票据两种：带息票据载明了票面利率，到期按票面金额（本金）与票面利率计算利息，与本金一并支付；不带息票据没有利息问题，票据到期时，债务人按票面金额支付即可。

我国企业多采用不带息票据。

企业应设置“应付票据”科目，进行应付票据的核算。由于票据期限较短，应付票据不论是否带息，一般均按面值入账。企业开出商业承兑汇票或以商业承兑汇票抵付货款、应付账款时，借记“物资采购”“库存商品”“应付账款”“应交税金——应交增值税（进项税额）”等，贷记“应付票据”。支付银行承兑汇票的手续费时，借记“财务费用”，贷记“银行存款”。收到银行支付到期票据的付款通知时，借记“应付票据”，贷记“银行存款”。企业开出的应付票据如为带息票据，应于月份终了计算本月应付利息，借记“财务费用”，贷记本科目。票据到期支付本息时，按应付票据账面余额，借记“应付票据”，按未计的利息，借记“财务费用”，贷记“银行存款”。如果票据期限不长，利息不大，也可于票据到期时，把利息一次性计入财务费用，不逐月计提。票据到期如果企业无能力偿付的，转作应付账款，借记“应付票据”，贷记“应付账款”。企业往来客户众多，为了加强应付票据管理，企业还应设置“应付票据备查簿”，详细登记每一应付票据的种类、号数、签发日期、到期日、票面金额、合同交易号、收款人姓名或单位名称，以及付款日期和金额等详细资料。应付票据到期付清时，应在备查簿内逐笔注销。应付票据备查簿的格式，各企业可根据需要自行设计。

2. 应付账款

（1）应付账款的含义及其确认

应付账款是指企业因购买材料、商品、其他资产或接受外界提供的劳务而发生的债务，由于交易已成立而推迟付款时间所形成。

从理论上说，凡是购进商品的所有权转移到企业时，或企业实际使用外界提供的劳务时确认应付账款，但是由于应付账款的期限一般不长，而且收到购货发票的时间同收到货物的时间往往很接近，在实际工作中，如果货物在发票之后到达，一般是等货物验收入库后才按发票价格入账，这样处理能避免在验收入库时发现货物的数量和质量与发票不符而带来的调账的麻烦，从而简化核算。但应注意的是，如果到期末，虽收到发票但仍未收到货物，为了配比原则，应根据发票价格，借记“物资采购”，贷记“应付账款”。反过来，如果到期末，收到货物而没有收到发票时，也应对该货物进行暂估入账，借记“原材料”等，贷记“应付账款”。

（2）应付账款的计价

应付账款的入账金额按发票价格计量，但是在购货时存在现金折扣，目前在理论上存在两种计量方法，即总价法和净价法。

按总价法核算，应付账款是按扣除现金折扣之前的发票价格入账，如在折扣期内付款而享受的现金折扣，视为一种理财收益；按净价法核算，应付账款是按扣除现金折扣之后的发票价格入账，如在超过折扣期付款而丧失现金折扣，作为一种理财损失处理。在我国目前不允许企业采用净价法处理应付账款。

（3）应付账款的会计核算

企业购入材料、商品等验收入库，但货款尚未支付时，应根据有关凭证，如发票账单、随货同行发票等，按凭证上记载的实际价款，或在未取得有关凭证时，按照暂估价登记入账。借记“物资采购”“原材料”“库存材料”“库存商品”“应交税金——应交增值税（进项税额）”等，贷记“应付账款”。

企业接受供应单位提供的劳务而发生的应付未付款项，应根据供应单位的发票账单，借记“生产成本”“管理费用”等，贷记“应付账款”。实际支付时，借记“应付账款”，贷记“银行存款”等。如果企业开出承兑商业汇票抵付应付账款，借记“应付账款”，贷记“应付票据”。

在购销业务过程中，购货单位也可能在购货业务发生之前先期预付一定货款。在这种情况下，为了集中反映购货业务所形成的结算关系，企业按规定预付供货单位货款时，借记“应付账款”，贷记“银行存款”等。待购货业务实际发生，材料、商品验收入库时，再根据有关发票账单的应付金额，借记“原材料”“库存商品”“应交税金——应交增值税（进项税额）”等，贷记“应付账款”。补付货款时，再借记“应付账款”，贷记“银行存款”等。应付账款一般在较短时间期限内应支付，但有时债权单位撤销或其他原因而无法支付的应付账款应作为企业的一项额外收入，将其列入营业外收入处理。

3. 预收账款

预收账款是指企业按照合同规定向购货单位或个人预先收取的款项。企业在销售商品或提供劳务前预先向对方收取款项，通常在预收款项后的一年或超过一年的一个营业周期内交付商品或提供劳务。在企业的生产经营中，发生预收款项是很平常的事情。如企业按照规定向购货单位预收购货款、向建设单位预收工程款、预收委托单位的开发建设资金、向个人预收的购房定金以及向发包单位预收的备料款和工程款等都属于企业的预收账款。企业为了核算预收的款项的结算情况，应设置“预收账款”账户来进行预收款项的核算。当企业收取预收款项时，借记“银行存款”科目，贷记“预收账款”科目。商品产品完工交给购货单位或与建设单位结算工程价款时，借记“预收账款”科目，贷记“主营业务收入”“工程结算收入”等科目。在一般情况下，企业先预收将来实际销售商品或提供劳务的价款的一部分，等企业实际发出商品或完成劳务时，再收回另一部分销售商品款或劳务款项。在进行会计处理时，为了反映业务的完整性和方便会计记账凭证的编制，企业发出商品或完成劳务时，按商品或劳务的全部价款，借记“预收账款”科目，贷记“主营业务收入”科目；再按照全部款项与预收的款项的差额，借记“银行存款”科目，贷记“预收账款”科目。

（三）企业在生产过程中形成的流动负债

1. 应付工资

应付工资是指企业应付给职工的工资总额。包括在工资总额内的各种工资、奖金、津贴等，它是企业在一定时期内支付给全体职工的劳动报酬总额。不论是否在当月支付，都应通过本科目核算。不包括在工资总额内的发给职工的款项，如医药费、福利补助、退休费等，不在本科目核算。工资的结算是由财务部门根据人事部门、劳动工资部门转来的职工录用、考勤、调动、工资级别调整等情况的通知单，以及有关部门转来的带扣款项通知单编制工资单（亦称工资结算单、工资表、工资计算表等），计算各种工资。工资单的格式由企业根据实际情况自行规定。财务部门将“工资单”进行汇总，编制“工资汇总表”，按照规定手续向银行提取现金，准备支付工资。企业实际支付工资时，借记“应付工资”，贷记“现金”。从应付工资中扣还的各种款项（代垫的房租等），借记“应付工资”，贷记“其他应收款”。职工在规定期限内未领取的工资，应由发放工资的单位及时交回财务部门，借记“现金”，贷记“其他应付款”。

月份终了，应将本月应发的工资进行如下分配：

（1）生产、施工、管理部门的人员（包括炊事人员）工资，借记“生产成本”“管理费用”，贷记“应付工资”。

（2）采购、销售费用开支的人员工资，借记“营业费用”，贷记“应付工资”。

（3）应由在建工程负担的人员工资，借记“在建工程”，贷记“应付工资”。

（4）应由工会经费开支的工会人员的工资，借记“其他应付款”，贷记“应付工资”。

（5）应由职工福利费开支的人员工资，借记“应付福利费”，贷记“应付工资”。

2. 应付福利费

在我国，为了保障职工身体健康，改善和提高职工福利待遇，规定企业必须为职工的福利准备资金。职工福利方面的资金来源有如下两个渠道：一是从费用中提取；二是从税后利润中提取。从费用中提取的福利费计入“应付福利费”

核算，主要用于职工的个人福利（目前，我国不允许外商投资企业在税前计提福利费，外商投资企业职工的个人福利支出从税后计提的职工奖励及福利基金中列支）。从税后提取的福利费计入“盈余公积公益金”，主要用于职工的集体福利设施的建设。目前，应付福利费是按照企业应付工资总额的14%提取，其应付工资总额的构成与统计上的口径一致，不做任何扣除。应付福利费主要用于职工的医药费、医护人员的工资、医务经费、职工因工负伤赴外地就医路费、职工生活困难补助、职工浴室、理发室、幼儿园、托儿所人员等的工资，以及按国家规定开支的其他职工福利支出。提取职工福利费时，借记“有关费用成本”科目，贷记“应付福利费”科目。支付职工医药费、职工困难补助和其他福利费以及应付的医务、福利人员工资等，借记“应付福利费”科目，贷记“银行存款”“应付工资”等科目。期末应付福利费的结余，在“资产负债表”的流动负债项目应付福利费中单独列示。

3. 预提费用

按照权责发生制原则，企业在日常生产经营中经常要对有些费用进行预提，原因是有些费用的发生期间并不一定实际支付，在发生与支付的时间上可能会存在差异。如企业固定资产大修理费，在平时固定资产并不需要进行大修理，但实际进行大修理时支出往往比较大，而此大修理并不是由大修理当期一次性造成的，在大修理期以前各期虽然没有大修理支出，但也要确认固定资产大修理费。按期预提计入费用的金额，同时也形成一笔负债，在会计核算中设“预提费用”科目。将有关的预提费用预提入账时，借记“有关费用”科目，贷记“预提费用”科目；预提的费用实际支出时，借记“预提费用”科目，贷记“银行存款”或“现金”等科目。“预提费用”科目的期末余额一般在贷方，反映实际预提但尚未支出的费用数额。

4. 其他应付款

其他应付款是指与企业的经营活动有直接或间接相关的应付、暂收其他单位或个人的款项。主要包括应付经营性租入固定资产和包装物的租金、存入保证金（如收取包装物押金）、职工未按时领取的工资等。这些应付、暂收款项形成了企业的流动负债，在会计核算中设置“其他应付款”科目。企业发生的上述各种应付、暂收款项，借记“银行存款”“管理费用”“财务费用”等科目，贷记

“其他应付款”科目；支付时，借记“其他应付款”科目，贷记“银行存款”等科目。“其他应付款”科目应按应付和暂收等款项的类别和单位或个人设置明细账，进行明细分类核算。

（四）企业在分配过程中形成的流动负债

在企业生产经营的各个阶段，都要向国家交纳各种税金。企业应交的税款，在上交前暂时停留在企业，构成企业的流动负债；此外企业在许多情况下还以代理人的身份代理国家向纳税人征收某种税款，然后再上交给国家，承担代收代交税款的义务。这里只讲述生产经营环节应交纳的税金，包括增值税、消费税、营业税、城市维护建设税、资源税、房产税、车船使用税、土地使用税、土地增值税、固定资产投资方向调节税等，此外，还应交纳耕地占用税和印花税。后两种税是在税款发生时，便向税务部门交纳，不形成企业的短期负债。企业除了交纳各种税金外，还应交纳教育费附加等款项。企业应根据规定的计税依据、税率等有关资料计算出应纳税款，并按期向税务机关填报纳税申报表，填列纳税缴款书，由税务部门审核后，向当地代理金库的银行缴纳税款。各种税款的缴纳期限一般是根据税额的大小，由税务部门分别核定，企业逐期计算纳税，或按月预交，年终汇算清缴，多退少补。

1. 增值税

增值税是就销售货物或提供应税劳务征税的一种税种。按照增值税暂行条例的规定，一般纳税企业购入货物或接受应税劳务支付的增值税（进项税额），可以从其销售货物或提供劳务规定收取的增值税（销项税额）中抵扣。但是，如果企业购入货物或者接受应税劳务，没有按照规定取得并保存增值税扣税凭证（如增值税专用发票），或者增值税扣税凭证上未按照规定注明增值税额及其他有关事项的，其进项税额不能从销项税额中抵扣。会计核算中，如果企业购进货物或接受应税劳务支付的增值税额不能作为进项税额扣税，其已支付的增值税就应记入购入货物或接受劳务的成本。

企业为了对应交增值税进行会计明细核算，在“应交税金”科目下设置“应交增值税”明细科目进行核算。企业在“应交增值税”明细账内，设置“进项税额”“已交税金”“转出未交增值税”“减免税款”“销项税额”“出口退税”

“进项税额转出”“出口抵免内销产品应纳税额”“转出多交增值税”九个专栏。同时在“应交税金”明细科目下设“未交增值税”明细科目，期末把应交未交或多交的增值税从“应交增值税”科目转到“未交增值税”科目并按有关规定进行核算。小规模纳税人只须设置“应交增值税”明细科目，不需要在“应交增值税”科目下设置专栏。

“进项税额”专栏记录企业购入货物或接受应税劳务而支付的、准予从销项税额中抵扣的增值税额。企业购入货物或接受应税劳务支付的进项税额，用蓝字登记；退回所购货物应冲销的进项税额，用红字登记。

“已交税金”专栏记录企业已交纳的增值税额。企业已交纳的增值税额用蓝字登记；退回多交的增值税额用红字登记。

“转出未交增值税”专栏记录企业月度终了，将应交未交的增值税额，从本科目转到未交增值税明细科目。

“减免税款”专栏记录企业按规定减免的增值税额。

“销项税额”专栏记录企业销售货物或提供应税劳务应收取的增值税额。企业销售货物或提供应税劳务应收取的销项税额，用蓝字登记；退回销售货物应冲销的销项税额，用红字登记。

“出口退税”专栏记录企业出口货物，向海关办理出口报关手续后，凭出口报关单等有关凭证，向税务机关申报办理出口退税而收到退回的税款。出口货物退回的增值税额，用蓝字登记；出口货物办理退税后发生退货或者退关而补交已退的税款，用红字登记。

“进项税额转出”专栏记录企业的购进货物。在产品、产成品等发生非正常损失以及其他原因而不应从销项税额中抵扣，按规定转出的进项税额。

“出口抵减内销产品应纳税额”专栏实行“免、抵、退”办法有进出口经营权的生产性企业，按规定计算的当期应予抵扣的税额计入本科目。

“转出多交的增值税”专栏记录在月度终了，企业多交的增值税额。

“未交增值税”明细科目月度终了，企业把本期应交未交或多交的增值税从应交增值税科目转到该明细科目，该科目的借方反映多交的增值税，贷方反映应交未交的增值税。

（1）一般纳税企业一般购销业务的账务处理

实行增值税的一般纳税企业具有以下特点：一是企业销售货物或提供劳务可以开具增值税专用发票（或完税凭证或购进免税农产品凭证或收购废旧物资凭证，下同）；二是购入货物取得的增值税专用发票上注明的增值税额可从销项税额中抵扣；三是如果企业销售货物或者提供劳务采用销售额和销项税额合并定价方法的，按公式“销售额=含税销售额÷（1+税率）”还原为不含税销售额，并按不含税销售额计算销项税额。有关购销业务的具体处理详述如下：

国内采购的物资，按专用发票上注明的增值税，借记“应交税金——应交增值税（进项税额）”按专用发票上记载的应计入采购成本的金额，借记“物资采购”“生产成本”“管理费用”等，按应付和实际支付的金额，贷记“应付账款”“应付票据”“银行存款”等。购入物资发生退货时，做相反会计处理。

接受投资转入的物资，按专用发票上注明的增值税，借记“应交税金——应交增值税（进项税额）”，按确定的价值，借记“原材料”等，按其在注册资本中所占有的份额，贷记“实收资本”或“股本”，按其差额，贷记“资本公积”。

接受应税劳务，按专用发票上注明的增值税，借记“应交税金——应交增值税（进项税额）”，按专用发票上记载的应当计入加工、修理、修配等劳务成本的金额，借记“生产成本”“委托加工物资”“管理费用”等，按应付或实际支付的金额，贷记“应付账款”“银行存款”等。

进口货物，按海关提供的完税凭证上注明的增值税，借记“应交税金——应交增值税（进项税额）”，按进口物资应计入采购成本的金额，借记“物资采购”“库存商品”等，按应付或实付的金额，贷记“应付账款”“银行存款”等。

销售物资或提供应税劳务，按实现的营业收入和按规定收取的增值税额，借记“应收账款”“应收票据”“银行存款”“应收股利”等，按专用发票上注明的增值税额，贷记“应交税金——应交增值税（销项税额）”，按实现的营业收入，贷记“主营业务收入”等。发生销售退回时，做相反的处理。

（2）一般纳税企业购入免税产品的账务处理

企业购入免税农产品，按照增值税暂行条例规定，对农业生产者自产的农业产品、古旧图书等部分项目的销售免征增值税。企业销售免征增值税项目的货物，不能开具增值税专用发票，只能开具普通发票。企业购进免税产品，一般情况下不能扣税，但按税法规定，对于购入的免税农业产品、收购的废旧物资等可以按买价（或收购金额）的10%计算进项税额，并准予从销项税额中抵扣。这里购入免税农业产品的买价，是指企业购进免税农业产品支付给农业生产者的价款和按规定代收代缴的农业特产税。在会计核算时，按购入农产品的买价和规定的税率计算的进项税额，借记“应交税金——应交增值税（进项税额）”，按买价减去按规定计算的进项税额后的差额，借记“物资采购”“库存商品”等，按应付或实际支付的价款，贷记“应付账款”“银行存款”等。

（3）小规模纳税企业的账务处理

增值税暂行条例将纳税人分为一般纳税人和小规模纳税人。小规模纳税人的特点如下：一是小规模纳税人销售货物或者提供应税劳务，一般情况下只能开具普通发票，不能开具增值税专用发票；二是小规模纳税人销售货物或者提供应税劳务，实行简易办法计税，按照销售额的6%或4%计算；三是小规模纳税人的销售额不包括其应纳税额，采用销售额和应纳税额合并定价的方法的，应按照公式“销售额=含税销售额÷（1+征收率）”还原为不含税销售额。

小规模纳税人和购入物资及接受劳务直接用于非应税项目或直接用于免税项目以及直接用于集体福利和个人消费的，其专用发票上注明的增值税，计入购入物资及接受劳务的成本，不通过“应交税金——应交增值税（进项税额）”科目核算。

（4）进出口货物的账务处理

企业进口货物，按照组成计税价格和规定的增值税率计算应纳税额。在会计核算时，进口货物交纳的增值税，按海关提供的完税凭证上注明的增值税额，借记“应交税金——应交增值税（进项税额）”，按进口物资应计入采购成本的金额，借记“物资采购”“库存商品”等，按应付或实际支付的金额，贷记“应付账款”“银行存款”等。其具体会计处理方法与国内购进货物的处理方法相同。

我国企业出口货物实行零税率政策，不仅出口货物的销项税额为零，而且企业购入货物时的进项税额也要退回。按照增值税暂行条例规定：纳税人出口货物，向海关办理出口手续后，凭出口报关单等有关凭证，可以按月向税务机关申报办理该项出口货物的退税。具体的出口退税应按以下规定处理：

第一，实行“免、抵、退”办法，有进出口经营权的生产性企业，按规定计算的当期出口物资不予免征、抵扣的税额，计入出口物资成本，借记“主营业务成本”，贷记“应交税金——应交增值税（进项税额转出）”。按规定计算的当期应予抵扣的税额，借记“应交税金——应交增值税（出口抵减内销产品应纳税额）”，贷记“应交税金——应交增值税（出口退税）”。因应抵扣的税额大于应纳税额而未全部抵扣的税款，借记“应收补贴款”，贷记“应交税金——应交增值税（出口退税）”；实际收到退税款时，借记“银行存款”，贷记“应收补贴款”。

第二，未实行“免、抵、退”的企业，物资出口销售时，按当期出口物资应收的款项，借记“应收账款”，按规定计算的应收出口退税，借记“应收补贴款”，按规定计算的不予退回的税金，借记“主营业务成本”，按当期出口物资实现的收入，贷记“主营业务收入”，按规定计算的增值税，贷记“应交税金——应交增值税（销项税额）”。收到退回的税款时，借记“银行存款”，贷记“应收补贴款”。

（5）视同销售的账务处理

按照增值税暂行条例实施细则的规定应注意以下原则：①对于企业将货物交付他人代销，销售代销货物；②将自产或委托加工的货物用于非应税项目；③将自产、委托加工或购买的货物作为投资提供给其他单位或个体经营者；④将自产、委托加工或购买的货物分配给股东或投资者；⑤将自产、委托加工的货物用于集体福利或个人消费等行为，应视同销售货物，须计算交纳增值税，按成本转账，借记“在建工程”“长期股权投资”“应付福利费”“营业外支出”等，贷记“应交税金——应交增值税（销项税额）”“库存商品”“委托加工物资”等。另外，对于视同销售货物的行为，虽然会计核算不做销售处理，但需要按规定计算交纳增值税，对①③④项还需要开具增值税专用发票，计入“应交税金——应交增值税”科目中的“销项税额”专栏。

（6）不予抵扣的账务处理

按照增值税暂行条例及其实施细则的规定，不予抵扣的项目包括购进固定资产，用于非应税项目的购进货物或者应税劳务，用于免税项目的购进货物或者应税劳务，用于集体福利或者个人消费的购进货物或者应税劳务，非正常损失的购入货物，非正常损失的在产品、产成品所耗用的购进货物或者应税劳务等。对于按规定不予抵扣的进项税额的账务处理视具体情况采用不同的方法。属于购入货物时即能认定其进项税额不能抵扣的，如购进固定资产，以及购入的货物直接用于免税项目，或者直接用于非应税项目，或者直接用于集体福利和个人消费的，其增值税专用发票上注明的增值税额，记入购入货物及接受劳务的成本。

（7）上交增值税的处理

企业上交增值税时，按实际上交金额，借记“应交税金——应交增值税（已交税金）”，贷记“银行存款”科目。

（8）期末应交未交或多交增值税的处理

月度终了，将本月应交未交或多交的增值税额从“应交税金——应交增值税”账户转到“应交税金——未交增值税”账户。未交的增值税，借记“应交税金——应交增值税（转出未交增值税）”科目，贷记“应交税金——未交增值税”科目；多交的增值税，借记“应交税金——未交增值税”科目，贷记“应交税金应交增值税（转出多交增值税）”科目。

2. 消费税

消费税是对在我国境内生产、委托加工和进口应税消费品的单位和个人征收的一种税。其目的是正确引导消费，调节消费结构。消费税实行从价定率和从量定额的办法计算应纳税额。

$$\text{实行从价定率办法计算的应纳税额}=\text{销售额}\times\text{税率} \tag{4-1}$$

$$\text{实行从量定额办法计算的应纳税额}=\text{销售数量}\times\text{单位税额} \tag{4-2}$$

纳税人销售的应税消费品，以外汇计算销售额的，应当按外汇市场价格折合成人民币计算应纳税额。

从价定率计算应纳税额的税基销售额，是指不含增值税的销售额。如果企业应税消费品的销售额中未扣除增值税税额，或者因不能开具增值税专用发票而发生价款和增值税款合并收取的，在计算消费税时，按公式“应税消费品的销售额=含增值税的销售额÷（1+增值税率或征收率）”换算为不含增值税税款的销售额。

应纳税额的销售数量是指应税消费品的数量。属于销售应税消费品的，为应税消费品的销售数量；属于自产自用应税消费品的，为应税消费品的移送使用数量；属于委托加工应税消费品的，为纳税人收回的应税消费品数量；进口的应税消费品，为海关核定的应税消费品进口征税数量。

为了进行消费税的会计核算，应在“应交税金”科目下设置“应交消费税”明细科目。下面分三种情况讲述消费税的会计核算：

①销售应税消费品的会计处理

消费税实行价内征收，企业交纳的消费税计入主营业务税金及附加抵减产品主营业务收入。企业在销售应税消费品时，借记“主营业务税金及附加”等，贷记“应交税金——应交消费税”。企业把应税消费品用于福利支出、在建工程、长期股权投资等视同销售的行为，企业视销售消费品的情况不同，分别借记“应付福利费”“长期股权投资”“固定资产”“在建工程”“营业外支出”等，贷记“应交税金——应交消费税”。

②委托加工应税消费品的会计处理

按照税法规定，需要交纳消费税的委托加工物资，由受托方代收代交税款。其具体的会计核算分两种情况。一是委托加工的应税消费品收回后，委托方用于连续生产应税消费品的，所纳税款准予按规定抵扣。需要注意的是，这里的委托加工应税消费品，是指由委托方提供原料和主要材料，受托方只收取加工费和代垫部分辅助材料加工的应税消费品。对于由受托方提供原材料生产的应税消费品，或者受托方先将原材料卖给委托方，然后再接受加工的应税消费品，以及由受托方以委托方名义购进原材料生产的应税消费品，都不作为委托加工应税消费品，而应按照销售自制应税消费品交纳消费税。二是委托加工的应税消费品收回后，委托方直接出售的，不再征收消费税。

在进行会计处理时，需要交纳消费税的委托加工应税消费品，于委托方提货时，由受托方代扣代交税款。受托方按应扣税款金额，借记“应收账款”“银行存款”等科目，贷记“应交税金——应交消费税”科目。委托加工应税消费品收回时，直接用于销售的，委托方应将代扣代交的消费税计入委托加工的应税消费品成本，借记“委托加工物资”“生产成本”等，贷记“应付账款”“银行存款”等，待委托加工的应税消费品销售时，不需要再交纳消费税；委托加工的应税消费品收回后用于连续生产应税消费品，按规定准予抵扣的，委托方应按代扣代交的消费税款，借记“应交税金——应交消费税”，贷记“应付账款”“银行存款”等，待用委托加工的应税消费品生产出应纳消费税的产品销售时，再交纳消费税。

③进出口消费品的会计处理

需要交纳消费税的进口物资，其交纳的消费税应计入该项物资的成本，借记“固定资产”“原材料”“库存商品”等，贷记“银行存款”。免征消费税的出口物资应分别视不同情况进行会计处理。属于生产企业直接出口或通过外贸公司出口的物资，按规定直接予以免税的，可不计算应交消费税；属于委托外贸企业代理出口应税消费品的生产企业，应在计算消费税时，按应交消费税额，借记“应收账款”，贷记“应交税金——应交消费税”。应税消费品出口收到外贸企业退回的税金，借记“银行存款”，贷记“应收账款”。发生退关、退货而补交已退的消费税，做相反的会计分录。

3. 营业税

营业税是对提供应税劳务、转让无形资产或者销售不动产的单位和个人征收的一种流转税。营业税按营业额和规定的税率计算应纳税额，计算公式是：

$$\text{应纳税额} = \text{营业额} \times \text{税率} \tag{4-3}$$

企业应在“应交税金”科目下设置“应交营业税”明细科目进行营业税会计核算。按其营业额和规定的税率，计算应交纳的营业税，借记“主营业务税金及附加”等科目，贷记“应交税金——应交营业税”。

企业销售不动产交纳营业税时，借记“固定资产清理”科目，贷记“应交税金——应交营业税”科目核算。企业转让无形资产交纳营业税时，借记“其他业务支出”科目，贷记“应交税金——应交营业税”科目核算。

4. 房产税、土地使用税、车船使用税和印花税

房产税是国家在城市、县城、建制镇和工矿区征收的由产权所有人缴纳的税。房产税依照房产原值一次减除10%～30%后的余额为基数，按税率1.2%计算交纳。没有房产原值作为依据的，由房产所在地税务机关参考同类房产核定；房产出租的，以房产租金收入的12%为房产税的计税依据。

土地使用税是国家为了合理利用城镇土地，调节土地级差收入，提高土地使用效益，加强土地管理而开征的一种税。土地使用税以纳税人实际占用的土地面积为计税依据，依照规定税额计算征收。

车船使用税由拥有并且使用车船的单位和个人交纳。车船使用税按照适用税额计算交纳。

印花税是以因从事经济活动、财产产权转移、权利许可证照的授受等书立、领受、使用应税凭证的行为为征税对象而征收的一种税。实行由纳税人根据规定自行计算应纳税额，购买并一次贴足印花税票的交纳方法。应纳税凭证包括以下内容：购销、加工承揽、建设工程承包、财产租赁、货物运输、仓储保管、借款、财产保险、技术合同或者具有合同性质的凭证；产权转移书据；营业账簿；权利、许可证照等。纳税人根据应纳税凭证的性质，分别按比例税率或者按件定额计算应纳税额。

企业按规定计算应交的房产税、土地使用税、车船使用税，借记“管理费用”，贷记“应交税金——应交房产税、土地使用税、车船使用税”；上交时，借记“应交税金——应交房产税、土地使用税、车船使用税”，贷记“银行存款”。

企业交纳印花税时，直接借记“管理费用”或“待摊费用”，贷记“银行存款”，不需要通过“应交税金”科目。

三、长期负债

（一）长期负债的性质及分类

1. 长期负债的概念及性质

长期负债是指偿付期超过一年或一个营业周期的负债。长期负债除具有负债的一般特征外，还具有金额大、期限长、可以分期偿还的特征。企业为了满足生产经营的需要，特别是在企业扩展阶段，往往需要大量的长期资金。长期负债作为企业一项义务，应流出现金或其他经济资源的结算期限较长，因而长期负债成为企业筹措资金的一种重要方式。企业筹措长期负债资金，一般多用于添置大型机器设备、购置房地产，或者改建、扩建厂房等方面。

对企业来说通过举债来筹措长期资金，比从所有者那里获取长期资金有下列优势：

第一，作为长期负债的债权人在企业经营中不具有管理权和表决权，不会稀释大股东对企业的控制权。

第二，企业举债不会影响企业原有的股权结构，他们仅仅按照固定的利率获取利息，不参与利润的分配。因此，不会因举债而减少每股收益率，从而影响股票的价格。

第三，长期负债的利息支出可以作为费用从税前利润中扣除。从而减少所得税的开支，享受税收的优惠，相当于国家让出一块税金帮助企业还债。而股利只能从税后利润中支付。

但是，长期负债也有其不利的一面：一是不管企业经营得好坏，企业都将按照固定的利率向债权人支付利息，在投资报酬低于资金成本时，会减少股东股本收益率；二是长期负债到期时一次性支付的资金数额较大，在企业资金困难时，有被债权人申请破产还债的风险；三是在企业破产还债时，债权人与股东相比对破产资产有优先受偿权。

2. 长期负债的分类

根据企业举借长期负债形式不同，长期负债可以分为以下三类：

（1）长期借款

长期借款是指企业从银行或其他金融机构借入的，偿还期在一年（不含一年）以上的各种借款，包括人民币长期借款和外币长期借款。

（2）应付债券

应付债券亦称长期应付债券或应付公司债券，是指企业以发行债券的方式筹措资金而形成的长期负债。债券是指发行人依照法定程序发行的、承诺在一定时期内偿还本金和按照固定利率支付利息的一种债务凭证。

（3）长期应付款

核算企业除长期借款和应付债券以外的其他长期应付款项，主要包括采用补偿贸易方式引进国外设备应付的价款和融资租入固定资产应付给出租方的租赁费。

（二）长期负债的核算

1. 长期借款

长期借款主要是指企业从银行或其他金融机构借入的偿还期限在一年以上的借款。为了核算企业的长期借款，会计准则规定设置“长期借款”科目。企业在取得长期借款时，借记“银行存款”科目，贷记“长期借款”科目。因长期借款而发生的利息支出，应按照权责发生制原则按期预提。如专项用于固定资产投资的，在固定资产购建期间进行借款费用资本化，借记“在建工程”科目，贷记“长期借款”科目。固定资产竣工交付使用后，借款利息计入财务费用。如非专项用于固定资产投资的长期借款利息，进行借款费用费用化，借记“财务费用”科目，贷记“长期借款”科目。归还本息时，借记“长期借款”科目，贷记“银行存款”科目。

2. 应付债券

企业债券是指企业为了筹集长期使用资金而按照法定程序对外发行的、约定在一定期限内还本付息的一种书面凭证。企业债券要载明企业的名称、债券面值、票面利率、还本期限和方式、利息支付的方式、发行日期等。按照债券的发行价格与面值的大小，债券有三种发行方式，即溢价发行、平价发行和折价发行。由于债券的发行价格受票面利率和市场利率的影响，当票面利率高于市场利率时，债券的发行价格就会超过债券面值，按超过债券面值的价格发行称为溢价发行；当票面利率等于市场利率时，债券的发行价格就会等于债券面值，此时称为平价发行，也叫面值发行；当债券的票面利率低于市场利率时，债券的发行价格就会低于债券面值，称为折价发行。

为了核算企业的长期债券，企业设置“应付债券”科目，在该科目下设置“债券画值”“债券溢价”“债券折价”和“应计利息”四个明细科目。

（1）债券发行时的账务处理

债券按平价发行时，按实际收到的价款，借记“银行存款”；按债券的面值，贷记“应付债券——债券面值”。债券按溢价发行时，按实际收到的价款，借记“银行存款”等；按债券的面值，贷记“应付债券——债券面值”；按超过债券面值的溢价，贷记“应付债券——债券溢价”。企业按折价发行的债券，按实际收到的金额，借记“银行存款”等；按债券券面金额与实际收到金额之间的差额，借记“应付债券——债券折价”；按券面金额，贷记“应付债券债券面值”。企业债券发行时，如果发行费用大于发行期间冻结资金的利息收入，按发行费用减去发行期间冻结资金的利息收入的差额计入财务费用。如是所筹款项用于固定资产项目的，则要按照借款费用资本化的处理原则，进行借款费用资本化，计入固定资产成本。如果发行费用小于发行期间冻结资金的利息收入，按发行期间冻结资金所产生的利息收入减去发行费用的差额，作为发行债券的溢价收入，在债券存续期间，计提利息时摊销。

（2）计息与到期还本付息时的会计处理

企业债券应按期计提利息。按面值发行债券应提的利息，借记“在建工程”或“财务费用”，贷记“应付债券——应计利息”。企业溢价或折价发行债券，其实际收到的金额与债券票面金额的差额，应在债券存续期内按实际利率法或直线法进行分期摊销。溢折价要在利息计提时进行摊销。在溢价发行的情况下，按应摊销的溢价金额，借记“应付债券——债券溢价”；按应计利息与溢价摊销额的差额，借记“在建工程”或“财务费用”；按应计利息，贷记“应付债券——应计利息”。在折价发行的情况下，按应摊销的折价金额和应计利息之和，借记“在建工程”或“财务费用”；按应摊销的折价金额，贷记“应付债券——债券折价”；按应计利息，贷记“应付债券——应计利息”。债券到期实际支付债券本息时，借记“应付债券——债券面值”和“应付债券——应计利息”，贷记“银行存款”。

（3）溢价和折价的摊销

债券溢价和折价的摊销方法有两种，即直线法和实际利率法。

①直线法

企业采取直线法进行溢折价的摊销，就是把债券的溢折价按照债券的期限平均分摊，每期的摊销数额相等，此方法的特点是计算比较简单。

②实际利率法

企业采取实际利率法进行溢折价摊销的，每期确认的利息费用为应付债券账面价值与实际利率的乘积，每期确认的应付利息为应付债券的面值与票面利率的乘积，每期溢折价的摊销额为每期的利息费用与应付利息的差额。采用实际利率法在计算实际利率时，要按照债券利息的偿还方式不同采用不同的公式。

a. 分次付息，一次还本方式

$$\text{债券面值} \pm \text{债券溢折价} = \text{债券到期应付本金的贴现值} + \text{各期实付的债券利息的贴现值} \tag{4-4}$$

b. 到期一次还本付息方式

$$\text{债券面值} \pm \text{债券溢折价} = \text{债券到期应付本息和的贴现值} \tag{4-5}$$

(4) 可转换公司债券的会计处理

可转换公司债券是指发行人依照法定程序发行的、在一定期限内依据约定的条件转换成发行公司股份的债券。可转换公司债券的最大特点是：可转换公司债券的持有人在可转换期间有选择权，即当该公司的股票价格较高时，可以把手中的债券转换成股票；相反，如果股价较低，就可以不行使转换权，到期收回债券的本息。因此，可转换公司债券对投资人来说具有更大的吸引力，而对发行人来说，则减少了到期要一次性支付大量资金的困难。利用可转换公司债券筹资越来越受到企业的青睐。企业在进行可转换公司债券的会计核算时，应设置“可转换公司债券”科目。企业发行可转换公司债券时，按照发行一般的公司债券进行处理。对于可转换公司债券的计息和溢折价摊销，在可转换公司债券的持有人行使转换权利之前，应按一般公司债券的处理方法进行会计处理，按期计息并进行溢折价的摊销。当可转换公司债券的持有人行使转换权时，应按其账面价值转换，借记“可转换公司债券”科目；按转换的股份面值，贷记“股本”科目；按转换公司债券时向债券持有人支付的现金，贷记“现金”科目；按可转换公司债券的价值与转换的股份面值的差额，减去支付的现金的余额，贷记“资本公积”科目。如果可转换公司债券的持有人在可转换期间没有行使其转换权，企业应像一般债券一样到期还本付息，借记“可转换公司债券”科目，贷记“银行存款”科目。

3. 长期应付款项

长期应付款项是指企业除长期借款和应付债券以外的其他各种长期应付款项，主要包括采用补偿贸易方式下的应付引进国外设备款和融资租入固定资产应付款等。企业对其进行会计核算时，应设置“长期应付款”科目，在该科目下设“应付引进设备款”和“应付融资租赁款”两个明细科目。

4. 专项应付款

专项应付款是指企业接受国家具有专门用途的拨款，如专项用于技术改造、技术研究等，以及从其他来源取得的款项。为了核算专项应付款，企业应设置“专项应付款”科目。在实际收到专项应付款时，借记“银行存款”，贷记“专项应付款”。拨款项目完成后，按照形成各项固定资产部分的实际成本，借记“固定资产”，贷记“银行存款”“现金”等，同时，借记“专项应付款”，贷记

“资本公积”。未形成固定资产须核销的部分，借记“专项应付款”，贷记有关科目。拨款项目完工后，如拨款结余须上交的，借记“专项应付款”，贷记“银行存款”。

（三）借款费用

1. 借款费用的概念

从制定有借款费用会计准则的国家以及国际会计准则来看，均对借款费用做了定义。借款费用是指企业因借款而发生的利息、折价或溢价的摊销和辅助费用，以及因外币借款而发生的汇兑差额。借款费用包括短期借款费用和长期借款费用，而在这里所讲的借款费用指的是长期借款费用，并且主要研究专门借款费用的处理。

所谓“专门借款”是指为购建固定资产而专门借入的款项。

2. 借款费用的内容

根据我国《企业会计准则借款费用》中借款费用的定义不难看出，借款费用包括四个方面的内容：因借款而发生的利息、发行债券的溢折价、借款过程中发生的辅助费用，以及外币借款产生的汇兑损益。准则明确指出借款费用不包括以下两项费用：与融资租赁有关的融资费用、房地产商品开发过程中发生的费用。

国际会计准则中关于借款费用的定义与我国的会计准则中的借款费用的定义描述基本相同，但具体包括的内容不一致，国际会计准则规定的借款费用的内容包括银行透支、短期借款和长期借款的利息，与借款有关的折价或溢价的摊销，安排借款所发生的附加费用的摊销，依照《国际会计准则第 17 号——租赁会计》确认的与融资租赁所形成的融资费用，作为利息费用调整的外币借款产生的汇兑差额。

由以上对借款费用的列示可以看出，我国会计准则规定的借款费用的内容比国际会计准则规定的借款费用的内容要窄，主要是把与融资租赁有关的融资费用和房地产开发过程中发生的借款费用排除在外。下面就我国会计准则的借款费用具体内容讲述如下：

（1）因借入资金而发生的利息

因借款而发生的利息，包括企业从银行和其他金融机构等借入资金发生的利息，发行债券发生的利息，以及承担带息债务应计的利息等。

（2）发行债券而发生的折价或溢价的摊销

因借款而发生的折价或溢价主要是发行债券发生的折价或溢价。折价或溢价的摊销实质上是指对借款利息的调整，因而构成了借款费用的组成部分。企业应在借款的存续期间对折价或溢价进行分期摊销。折价或溢价的摊销，可以采用实际利率法，也可以采用直线法。

（3）与借款或债券发行有关的辅助费用

因借款而发生的辅助费用，是指企业在借款过程中发生的诸如手续费、佣金、印刷费、承诺费等费用。由于这些费用是因安排借款而发生的，也是借入资金的一部分代价，因而这些费用构成了借款费用的组成部分。

（4）因外币借款而发生的汇兑损益

因外币借款而发生的汇兑差额，是指由于汇率变动而对外币借款本金及其利息的记账本位币金额产生的影响金额。由于这部分汇兑差额是与外币借款直接相关联的，因而也构成了借款费用的组成部分。

3. 借款费用的会计处理

借款费用的会计处理包括如下两个方面：一是借款费用的确认，就是确定一定时期的借款费用金额以及应归属何种会计要素的过程；二是借款费用的计量，就是如何来通过会计的方法和手段反映借款费用以及反映多少。

（1）借款费用确认的原则

关于借款费用的确认原则，目前，国际上主要有两种不同的理论观点：一是借款费用应该资本化，计入相关资产的成本；二是借款费用应该费用化，直接计入当期损益。

我国在《企业会计准则借款费用》准则颁布实施以前，会计实务中对与建造固定资产有关的借款费用在固定资产交付使用前予以资本化，固定资产交付以后借款费用计入当期损益。具体的处理如下：

①为购建固定资产而发生的长期借款费用，在固定资产交付使用之前，计入固定资产的价值。

②为购建固定资产而发生的长期借款费用，在固定资产交付使用后，计入当期损益。

③流动负债性质的借款费用和非为购建固定资产发生的长期借款费用，于发生时计入当期损益。

④在企业筹建期间的长期借款费用（除为购建固定资产而发生的长期借款费用外），计入企业的开办费。

⑤在企业清算期间发生的长期借款费用，计入清算损益。

（2）借款费用资本化金额的确定

借款费用资本化是指借款费用在企业的财务报表中作为购置某些资产的一部分历史成本。在会计实务上对如何进行借款费用资本化也存在不同的观点。一种观点认为，不管用在购建固定资产上的专门借款是多少，当期因该专门借款发生的所有借款费用均应资本化，计入购建固定资产的成本。理由是，该借款是为购建该项固定资产专门借入的，该借款在当期所发生的所有借款费用均应计入该项固定资产的成本。另一种观点认为，当期计入购建固定资产成本的借款费用，应仅仅是使用在该项固定资产上的专门借款金额所产生的借款费用，未使用的专门借款所发生的借款费用应计入当期损益。理由是，该项固定资产既没有占用全部专门借款，也就不应承担全部借款费用。借款费用的不同内容分别讲述如下：

①借款利息的资本化

为简化计算，可以月数作为计算累计支出加权平均数的权数。

资本化率的计算按下列原则确定：

其一，为购建固定资产只借入一笔专门借款，资本化率为该项借款的利率。

其二，为购建固定资产借入一笔以上的专门借款，资本化率为这些借款的加权平均利润率。

②折价或溢价的资本化

如果借款费用中存在折价或溢价的情况，应将折价或溢价的每期摊销额作为利息的调整额，对资本化率做相应的调整。即计算资本化率时，用“专门借款当期实际发生的利息之和”减去当期债券溢价的摊销额或加上当期债券折价的摊销额。折价或溢价的摊销，可以采用实际利率法，也可以采用直线法。

③外币借款汇兑差额的资本化

如果专门借款为外币借款，则在应予资本化的每一会计期间，汇兑差额的资本化为当期外币专门借款本金及利息所发生的汇兑差额。即将发生的专门借款的汇兑差额全部予以资本化，无须再用公式计算。

④借款费用资本化的限制

我国《企业会计准则借款费用》规定，在应予资本化的每一会计期间，利息和折价或溢价摊销的资本化金额，不得超过当期专门借款实际发生的利息和折价或溢价的摊销金额。

4. 借款费用资本化的起止时间

(1) 借款费用资本化的开始

与国际会计准则和其他大多数国家或地区会计准则的规定大体相同，我国会计准则规定以下三个条件同时具备时，因专门借款而发生的利息、折价或溢价的摊销和汇兑差额应当开始资本化。

①资产支出已经发生

资产支出只包括购建固定资产而以支付现金、转移非现金资产或者承担带息债务形式发生的支出。具体如下：

a. 支付现金是指用货币资金支付固定资产的购建或建造支出，如用现金、银行存款或其他货币资金等购买工程材料，用现金支付建造固定资产的职工工资等。

b. 转移非现金资产是指将非现金资产用于固定资产的建造与安装，如将企业自己生产的产品用于固定资产的建造，或以企业自己生产的产品向其他企业换取用于固定资产建造所需要的物资等。

c. 承担带息债务是指因购买工程用材料等而带息应付款项（如带息应付票据）。企业以赊购方式从供货单位购买工程物资，由此产生的债务可能带息也可能不带息。如果是不带息债务，就不计入资产支出，因为在该债务偿付前不需要承担利息，企业不会因这部分未偿付债务承担借款费用，亦即没有任何借款费用是应当归属于这部分未偿付债务的。而对于带息债务来说，情况就不同了，由于企业要为这笔债务付出代价即承担利息，与企业用银行借款支付资产支出的性质是一样的。因此，带息债务应当作为资产支出，用以计算应予资本化的借款费用金额。

②借款费用已经发生

借款费用已经发生是指已经发生了购建固定资产而专门借入款项的利息、折价或溢价的摊销、辅助费用或汇兑差额。

③为使资产达到预定可使用状态所必要的购建活动已经开始

为使资产达到预定可使用状态所必要的购建活动主要是指资产的实体建造活动。开始状态是指实体购建活动已经开始，如果仅仅购置了建筑用地但未发生有关房屋建造活动就不包括在内。

（2）借款费用资本化的暂停

如果固定资产的购建活动发生非正常中断，并且中断时间连续超过三个月，应当暂停借款费用的资本化，将其确认为当期费用，直至资产的购建活动重新开始；但如果中断是使购建的固定资产达到预定可使用状态所必要的程序，则借款费用的资本化应当继续进行。

（3）借款费用资本化的停止

①不需要试生产或试运行的固定资产

当所购建固定资产达到预定可使用状态时，应当停止其借款费用的资本化，以后发生的借款费用应当于发生当期确认为费用。所购建固定资产达到预定可使用状态是指，资产已经达到购买方或建造方的可使用状态。具体可以从下述几个方面进行判断：固定资产的实体建造（包括安装）工作已经全部完成或者实质上已经完成；所购建的固定资产与设计要求或合同要求相符或基本相符，即使有极个别与设计或合同要求不相符的地方，也不影响其正常使用；继续发生在所购建固定资产上的支出金额很少或几乎不再发生。

②需要试生产或试运行的固定资产

如果所购建的固定资产需要试生产或试运行，则在试生产结果表明资产能够正常生产出合格产品时，或试运行结果表明能够正常运转或营业时，就应当认为资产已经达到预定可使用状态。

③购建固定资产部分完工的处理

购建的固定资产不是整体一次性完工，而是各部分逐步完工，有关先完工部分的借款费用资本化的停止问题，具体又要分以下两种情况处理：一是如果所购建固定资产的各部分分别完工，每部分在其他部分继续建造过程中可供使用，并且为使该部分达到预定可使用状态所必要的购建活动实质上已经完成，则应当停止该部分资产的借款费用资本化；二是如果所购建固定资产的各部分分别完工，但必须等到整体完工后才可使用，则应当在该资产整体完工时停止借款费用的资本化。

5. 借款费用的披露

因借款费用资本化是编制财务报表时应考虑的重要问题，所以，会计报表附注中应对此予以披露。按照我国《企业会计准则——借款费用》准则规定，借款费用资本化披露的内容有以下方面：

（1）当期资本化的借款费用金额

当期资本化的借款费用金额是指当期已计入固定资产成本中的各项借款费用之和，包括应予资本化的利息、折价或溢价的摊销、汇兑差额和辅助费用之和。如果企业当期有两项或多项固定资产同时购建，应当披露这些资产当期资本化的借款费用总额。

（2）当期用于确定资本化金额的资本化率

由于企业在某一期间内，可能存在多项专门借款和多项固定资产购建，在披露资本化率时，应按下列原则处理：

①如果当期有两项以上的固定资产，且各自使用的资本化率不同，应按照分项披露的原则各自披露；如果资本化率相同，可以合并披露。

②如果对外提供财务报告的期间长于计算借款费用资本化金额的期间，且在计算借款费用资本化金额的各期，用于确定资本化金额的资本化率不同，应分别各期披露；如果各期计算资本化金额所使用的资本化率相同，则可以合并披露。

第二节　所有者权益

一、所有者权益的性质和构成

（一）所有者权益的性质

所有者权益是企业所有者对企业净资产的所有权。它是财务会计的基本要素之一，在金额上表现为企业的全部资产扣除全部负债后的余额，即企业的净资产额。独资企业、合伙企业和公司的所有者权益分别称为业主权益、合伙人权益和股东权益。所有者权益和负债同属权益，都是对企业资产的要求权，企业的资产总额等于负债总额加上所有者权益总额。但是所有者权益和负债之间存在明显的区别，概括为以下四个方面：

1. 性质不同

企业与债权人之间的经济关系一般事先具有明确的规定，债权人按事先规定的条件收取本息。所有者则依据公司的盈利情况和分红政策取得分红收入。负债是企业对债权人承担的经济责任；所有者权益是企业对所有者承担的经济责任。从这一意义上讲，只有所有者才真正承担企业的经营风险。

2. 权利不同

作为企业负债对象的债权人与企业只有债权债务关系，既无权参与企业的经营管理，也不参与企业的利润分配；而作为所有者权益对象的投资人则有法定参与管理企业或委托他人管理企业的权利，与此相适应，所有者也享有债权人所不能享有的权利，除了可能享有较利息更高的股利收入之外，还包括未分配的净利润，即留存利润。

从“资产-负债=所有者权益”这一会计方程式来看，所有者权益是一种剩余权益。会计计量是以一定的会计假设为前提，以一定的会计原则为依据的。在企业的整个经营过程中，物价、币值、汇率等诸多因素的频繁变动，都可能导致会计计量结果偏离实际的状况。所以，通过会计核算所得的所有者权益，可能是一个账面意义上的所有者权益。一旦企业停业清算，实际归所有者享有的权益，只能是全部资产的清算价值扣减全部负债的差额。亦即所有者权益的实质是净资产的现时价值。

3. 偿还责任不同

负债有规定的偿还期限，一般要求企业按规定的利率计算并支付利息，到期偿还本金。对债权人来说，利息收入和偿还时间较为固定，与企业的经营成果并无多大关系，承担的风险相对较小。所有者权益在企业持续经营条件下，投资者一般不能抽回投资。对投资人来说，其投资报酬与企业的经营成果有密切的关系，投资人对企业的经营活动承担比债权人更大的风险，同时也享受分配企业利润的权利。

4. 偿还顺序不同

企业对债权和所有权满足的先后顺序不同，一般规定债权优先于所有权，债权是第一要求权，表现为在企业清算时，对企业的剩余资产的要求权，债权人要先于所有者。

（二）所有者权益的构成

不同组织形式的企业，其所有者权益构成项目的名称及包含的具体内容有所差异。但不论何种形式的企业，其所有者权益的基本构成情况大体相同。通常，所有者权益都应包括投入资本、资本公积、盈余公积和未分配利润。

1. 投入资本

投入资本是指企业的投资者实际投入企业的资本，它是所有者权益的主体和基础。按其投资者的性质不同，可分为国家投资、法人投资、个人投资和外商投资等。

与投入资本密切相关的一个概念是注册资本。所谓注册资本，是指企业在设立时向工商行政管理部门登记的资本总额。在资本分次募集的情况下，在最后一次缴入资本之前，投入资本始终小于注册资本。

2. 资本公积

投入资本有确指的投资者，但有些特殊事项引起的所有者权益，可能不便归于具体的投资者，但它们又不是由盈利而形成的。这种类型的所有者权益被称为资本公积，主要包括资本（或股本）溢价、接受捐赠财产、外币资本折算差额等。资本公积是一切所有者的共同权益。

3. 盈余公积

盈余公积是指从税后利润中提取的公积金，包括法定盈余公积金、任意盈余公积金和法定公益金。

4. 未分配利润

未分配利润是指企业实现的利润中留于以后年度分配或待分配的那部分结存利润。

二、独资及合伙企业的所有者权益

在会计核算中，不同组织形式的企业，对所有者权益的核算差别很大。按国家有关法规规定，目前，我国企业组织形式有独资企业、合伙企业和公司制企业。其中，独资企业、合伙企业在所有者权益方面与公司制企业相差较大，下面就独资企业和合伙企业的所有者权益及会计处理进行介绍。

（一）独资企业的所有者权益

1. 独资企业所有者权益的特点

独资企业是由个人独立出资而形成的一种企业组织形式。它不具有独立的法律主体地位，也不是纳税主体。出资人对企业的财产和赚取的利润拥有全部支配权，对企业的债务负有无限清偿责任。

独资企业所有者权益的最大特点是，不需要区分业主投资和利润积累，因为无论是业主对企业进行投资，还是业主从企业提款及进行利润分配等活动，均是业主的自主行为。

2. 独资企业所有者权益的会计处理

尽管独资企业不是独立的法律主体，但并不否认其独立会计主体地位。为此，应区别独资企业与业主个人的经济活动，业主提款必须在企业账面上得到反映。

独资企业所有者权益在“业主资本”科目中核算。该科目贷方登记业主投入资本和作为业主资本的增加的盈利；借方登记亏损和业主提款，期末贷方余额为业主权益总额。

平时发生业主提款时应先通过“业主提款”这一暂记性科目进行反映，年终结转业主资本，便于进行业主资本状况变动分析。

（二）合伙企业的所有者权益

1. 合伙企业及其所有者权益的特征

由于个人资本数量限制等，许多小企业由若干个投资人合伙组建，如律师事务所、会计师事务所、诊疗所等。这种合伙企业与独资企业十分类似，其差别主要在于：合伙企业是由两个以上的合伙人共同投资设立的，因而为了明确合伙人之间的权、责、利关系，必须订立合伙契约。在合伙契约中，须明确规定以下主要内容：损益分配原则、合伙人提款的具体规定、合伙企业解散与清算的程序等。与公司制企业相比，合伙企业主要有以下特征：

(1) 合伙企业不是独立法人

合伙的形成无须经过正式的法律程序，由合伙人自愿结合。法律没有赋予合伙企业法人资格。因此，合伙企业的对外事务，都应以合伙人个人的名义进行。合伙企业是依附合伙人而存在的，属于人合企业，合伙人一般都亲自参与企业的经营与管理。

(2) 合伙人之间互为代理

除合伙契约另有规定外，在合伙经营业务范围内，任何合伙人经办的业务，其他合伙人均应负责。每个合伙人都是其合伙组织的代理人，在正常营业范围内有权代表合伙企业签订合同，如签订购货合同、销货合同等。

(3) 合伙人对企业负债负连带无限责任

作为一般合伙人，无论其投资金额多少或占投资总额的比重多高，每个合伙人都对合伙企业的债务承担全部清偿的责任，即连带无限责任。因此，合伙应以自愿为基础。新的合伙人的加入也必须经过全体合伙人的同意。

(4) 合伙企业存在期间有限

合伙企业的形成是以合伙契约的签订为基础的。合伙人的死亡或退伙，都会宣告合伙契约终止。新的合伙人的加入，也同样宣告原合伙契约终止。作为会计主体依然遵循持续经营假设，会计记录连续进行。新的合伙契约的签订，意味着该组织已成为又一新的合伙企业了。

(5) 合伙企业的任何财产归全体合伙人共有

合伙企业成立过程中，由各合伙人投入的资金，无论在形态上是货币资产还是非货币资产，一旦投入企业，它就不属于任何一个特定的合伙人，而是归全体合伙人共有。依附于该资产的重估升值和变卖损益，也不属于任何特定的合伙人，而属于合伙企业的损益。

(6) 合伙企业不计缴企业所得税

由于合伙企业不是独立的纳税主体，它所实现的利润不缴纳企业所得税，而是作为业主个人所得，申报并缴纳个人所得税。

在所有者权益的会计处理方面，合伙企业与独资企业十分相似。合伙企业的所有者权益也不需要区分业主投资和经营赚取的利润。合伙人投入的资金，应全部作为实收资本，分记在各合伙人名下。合伙人从企业提款，将减少该合伙人在企业中的资本。另外，合伙企业的损益，应按照合伙契约中所规定的方法来分配，然后分别转入各合伙人的资本账户。

2. 合伙企业所有者权益的会计处理

合伙企业组织与独资企业组织有很多相似之处，同样，合伙企业的会计也与独资企业会计十分类似。相当于多个独资企业的综合体，合伙企业会计必须为每一个合伙人开设一个“资本”科目（总账或明细账）和“提款”科目（总账或明细账），分别用于记录每一个合伙人的投资和提款的增减变化及余额。合伙人“提款”科目的功能类似股份公司的“股利分配”账户，记录年度内合伙人从企业提走的款项。会计年度终了，应将“提款”科目余额转到相应合伙人的“资本”科目。合伙企业的损益，在按照合伙契约规定的分配方案分配之后，将每一合伙人应享有的份额由“损益”科目结转到相应合伙人的“资本”科目。与股份公司会计不同，合伙企业会计不单独设置“留存利润”科目，而是将原始投入资本和各种原因引起的积累均合并记入“资本”科目。

合伙人除了向企业投资和从企业提款外，还可能与企业发生借贷往来。为此，应另设合伙企业与合伙人之间的往来账户。这些往来应与企业同外界的往来分开记录。在资产负债表上，它们分别列作负债类的应付款和资产类的应收款，但须与企业同外界应付、应收款项分别列示。

合伙企业成立时，合伙人即按合伙契约所规定的条款将资产投入企业。就投入资产的形式而言，可以是现金，也可以是非现金资产。此外，如果合伙人（一个或多个）原本是独资企业的业主，那么他也可以以原独资企业的资产和负债作为入伙的投资，即以全部投入资产的原账面价值（或重估价值）与全部负债之差额作为其投入资本。因此，就应将合伙人投入的资产借记有关资产账户，将转由合伙企业承担的负债贷记有关的负债账户；同时，将资产扣除负债后的差额作为其投入的净资产而贷记该合伙人的资本账户。合伙人投入的非现金资产，应按公允市价计价，并须经全体合伙人同意。

合伙企业的损益分配不同于股份公司，均为按出资额比例分配损益。合伙企业没有统一的规定，而是取决于合伙人的契约规定。通常，合伙损益可以按各合伙人投入资本的比例分配，也可以按一个固定的约定比例分配。如果合伙契约对损益分配未做规定，通常就认为合伙损益按合伙人平均分配。另外，合伙契约也可对盈利和亏损规定不同的分配比例。但是，如果契约只规定盈利分配比例。一般就认为亏损也按照同样的比例进行分配。

合伙企业契约期满停止经营，或全部转让给别人经营，或其他原因而经全体合伙人同意停止经营时，就需要进行清算。合伙企业清算的具体方法取决于合伙契约的规定。但一般而言，合伙企业清算的基本程序为：出售合伙企业的全部非现金资产，使之变现；将资产处置损益按规定的损益分配率在各合伙人之间进行分配，并转入各合伙人资本账户；清偿所有债务；将清偿债务后所余现金按各合伙人资本账户余额比例进行分配。

三、公司制企业实收资本的核算

公司是现代西方社会典型的企业组织形态。尤其是经营规模较大的企业，多采取公司的形式。公司企业按照出资人即股东所负责任的不同，分为有限责任公司和股份有限公司等多种形式。其中，股份有限公司又是被广泛推崇的公司形式。

根据我国《公司法》的规定，我国的公司组织形式是指在中国境内设立的有限责任公司和股份有限公司。同时规定，国家授权投资的机构或者国家授权的部门可以单独投资设立国有独资的有限责任公司。这也是适合我国国情而产生的一种特殊的企业组织形式。因此，我国的公司组织可以分为国有独资公司、有限责任公司和股份有限公司三种形式。

（一）实收资本的形式及计价

实收资本是指投资人作为资本投入企业中的各种资产的价值。拥有一定量的资本是任何一个企业法人设立并开展其经营活动的前提。这些资本主要是由企业的投资者投入资本所形成的，在一般情况下无须偿还，可供企业长期周转使用。我国目前实行的是注册资本制度，要求企业的实收资本与其注册资本相一致。企业法人登记管理条例明确规定，除国家另有规定外，企业的注册资本应当与实有资金相一致。企业实有资金比注册资金数额增减超过20%时，应持资金使用证明或者验资证明，向原登记机关申请变更登记。企业不得擅自改变注册资金数额，也不得抽逃资金等。

投资者可以采用国家法律许可的各种形式向企业投资。在我国，投资者投入资本可以采取以下各种形式：以货币资金出资、以实物资产和有价证券投资、以无形资产投资。

根据《企业会计准则》规定，投资者投入的资本应按实际投资数额计价入账。不同的投资形式，其实际投资数额的确定并不完全相同。具体而言，投资者以货币资金投入，则可以实际收到或者存入企业开户银行的金额作为实收资本入账。若投资者以固定资产和流动资产等实物资产或无形资产投入，应先对投资的实物或无形资产等按照法律、法规的规定进行评估，再按资产评估确认后的价值入账。

（二）国有独资公司的投入资本

国有独资公司是指国家授权投资的机构或者国家授权的部门单独投资设立的有限责任公司。在我国，国务院确定的生产特殊产品的公司或者属于特定行业的公司，应当采用国有独资形式。这类公司的所有者是单一的，即国家所有。目前，我国多数国有独资公司是由原来国营企业改制而成。在会计核算时，单独把国有独资公司作为一种类型，是因为这类企业组建时，所有者投入的资金，全部作为实收资本入账，投资者为单一投资者，也不会在追加投资时，为维持一定的投资比例而产生资本公积，也不会像股份有限公司那样发行股票产生股本溢价。

为了总括反映国家授权投资的机构或部门单位向国有独资公司投入资本的增减情况，应设置“实收资本”科目，该科目的贷方反映公司实际收到国家有关机构或部门单位投入公司的各种资产的价值，借方反映按规定程序减少注册资本的数额，期末贷方余额，反映代表国家投资的机构或部门单位实际投入的资金。

（三）有限责任公司的投入资本

有限责任公司（简称有限公司），是指由两个以上股东共同出资，每个股东以其所认缴的出资额对公司承担有限责任，公司以其全部资产对其债务承担责任的企业法人。有限责任公司股东的出资额，由股东协商确定。公司开办验资时，股东一次缴足全部资本，不允许分期缴款或向外招募。股东向公司出资股金，必须是现金或其他财产，一般不能以信用、劳务等出资。公司盈利，按章程规定的办法，通常实行按出资额在股东间分配。主要特征是：第一，公司不发行股票，资本由股东协商确定，除股东死亡，股东为经济法人企业破产的情况下，并经股东一致同意才能转让外，一般不允许在证券市场上出售；第二，设立程序比较简便，由两人以上发起，股东缴足股金，依法便可成立，而且也不必公开它的营业报告，公司账目对外不公开；第三，股东可作为雇员参加管理，不一定设立股东会，内部组织机构设置灵活、简便；第四，股东对公司的责任，以各自认缴的出资额为限，公司以其全部资产对其债务承担责任，股东按其注册资本比例分享利润、分担风险，自负亏损；第五，股东人数少。

有限责任公司投入资本的会计核算与国有独资公司一样，也要通过设置“实收资本”账户进行，所不同的是：有限责任公司的股东不是一个，因而需要按出资股东设置明细账，分别反映各个股东的投入资本情况。有限责任公司的股东投入的资本还应按不同情况处理，有限责任公司新设时，股东按照合同、章程投入公司的资本，应全部记入“实收资本”科目，实收资本应等于公司的注册资本。在有限责任公司增资扩股时，如有新投资者加入，新投资者缴纳的出资额大于按约定比例计算的在公司注册资本中所占的份额部分，应作为资本溢价，记入“资本公积”科目。

股东可按照法律规定的出资形式出资，可以货币资金、实物资产出资，也可以无形资产出资。当收到股东货币资金出资时，应借记“银行存款”“现金”等，贷记“实收资本——××股东”；若投入的金额超过占注册资本比例的部分，应贷记“资本公积——资本溢价”。当收到股东以固定资产或流动资产等实物出资时，应借记“固定资产”“原材料”等，贷记“实收资本——××股东”等。当收到股东以工业产权等无形资产出资时，应按该项无形资产的投资作价，借记“无形资产”，贷记“实收资本——××股东”等。

（四）股份有限公司的投入资本

股份有限公司（简称股份公司）是指全部资本由等额股份构成并通过发行股票筹集资本，股东以其所持股份对公司承担有限责任，公司以其全部资产对公司债务承担责任的企业法人。它产生于17世纪初期的欧洲，19世纪后期广泛流行于各国。其一般特征是：股份公司是法人；股东人数不得少于法定数目；资本总额平分为金额相等的股份，并发行股票，股利按普通股、优先股分配；股票可以在社会上公开出售，但不能退股；股东只以其所认购的股份额对公司的债务承担责任，一旦公司破产或解散进行清算时，公司的债权人只能对公司的资产提出要求，而无权直接向股东起诉；账目公开；股东按其持股比例享受权利，承担义务，每股有一票表决权，同股同权、同股同利；公司章程规范，不仅有强制性，而且带有比较严格的制裁措施。

有限公司与有限责任公司的主要区别是：有限公司的全部资本不分为等额股份；公司向股东签发出资证明而不发行股票；公司股东转让出资，须经股东会讨论通过；股东人数限制在 2 个以上 50 个以下；股份公司的全部资本划分为等额股份；以发行股票方式筹集资本；股票可以交易或转让；股东数有下限，没有上限。

在会计核算上，股份公司应设置“股本”科目，用以核算股东投入公司的股本，并将核定的股本总额、股份总数、每股面值，在股本账户中做备查登记。为了反映公司股份的构成情况，应在“股本”科目下，按股票种类及股东单位或姓名设置明细科目。公司在核定的股本总额范围内，发行股票取得的相当于股票面值的部分，应记入“股本”科目；发行股票取得的超过股票面值的部分（溢价），在扣除发行手续费、佣金等发行费用后，记入“资本公积”科目。若无溢价，或溢价不足以支付发行费用的部分，计入长期待摊费用，分期摊入成本费用。

境外上市公司以及在境内发行外资股的公司，按确定的人民币股票面值和核定的股份总额的乘积计算的金额，作为股本入账，按收到股款当日的汇率折合的人民币金额与按人民币计算的股票面值总额的差额，作为资本公积处理。

（五）实收资本的增减变动的核算

一般情况下，企业的实收资本应相对固定不变，但在某些特定情况下，实收资本也可能发生增减变化。企业法人登记管理条例中规定，除国家另有规定外，企业的注册资本应当与实有资本相一致。该条例还规定，企业法人实有资本比原注册资本数额增加或减少超过 20%时，应持资金证明或者验资证明，向原登记机关申请变更登记。这表明，企业的实收资本，一般情况下不得随意增减，如有必要增减，首先应具备一定的条件。

1. 实收资本增加的核算

公司增加注册资本需要经过股东会议代表有三分之二以上表决权的股东通过，并修改公司章程。一般企业增加资本的途径主要有三条：第一，资本公积转增为实收资本，会计核算应借记“资本公积”，贷记“实收资本”；第二，盈余公积转增为实收资本，会计核算借记“盈余公积”，贷记“实收资本”，将资本公积、盈余公积转增为实收资本时应按股东持有的股份比例增加各股东的股权，国有独资企业可直接结转；第三，投资者追加投资，这里的投资者包括原投资和新投资者，企业应在收到投资者投入的资金时，借记“银行存款”“固定资产”“原材料”等，贷记“实收资本”等。

股份公司可以发放股票股利的方法实现增资。股票上市公司多采用这种方式。

2. 实收资本减少的核算

减少注册资本需要满足下列条件：企业减资，应事先征得债权人同意；经股东会决议同意，并修改公司章程；减资后的注册资本不得低于法定注册资本的最低限额。

实收资本减少有以下两种情况：一是资本过剩；二是企业发生重大亏损。企业因资本过剩而减资，按发还股东的数额，借记“实收资本”，贷记“银行存款”；企业因严重亏损而减资，借记“实收资本”，贷记“利润分配——未分配利润”。

从理论上说，实收资本与未分配利润都是所有者权益，这样调整并不影响所有者权益总额，但是按照无利不分的规定，企业若有未弥补亏损，不得分发股利。企业发生的亏损，短期内如果不能以利润、盈余公积金弥补，即使以后有了利润也不得分发股利。企业长期不发股利，会动摇投资者的信心，因此，用实收资本弥补亏损后，企业可以轻装上阵全力以赴进行经营以求发展。

股份有限公司为了减少其资本，经有关机构批准可以回购本公司的股票，但购回的股票应在 10 日内注销。由于采用的是发行股票的方式筹集股本，发还股款时，则要回购发行的股票，发行股票的价格与股票面值可能不同，回购股票的价格也可能与发行价格不同，对此会计核算方法有两种：成本法和面值法。在会计实务中，成本法的应用较为普遍。我国规定用成本法对购回股票进行处理。收购本企业股票时，应按面值注销股本。超出面值付出的价格，可区别情况处理：收购的股票凡属溢价发行的，则首先冲销溢价收入；不足部分，凡提有盈余公积的，冲销盈余公积；如盈余公积仍不足以支付收购款的，冲销未分配利润。凡属面值发行的，直接冲销盈余公积；已购回股本金额低于面值的部分，应增加超面值缴入股本，即资本公积金。

库存（藏）股票：股份公司已发行的股票，其中有一部分以后可能基于公司的重新购回或其他原因（如股东捐赠）而由公司自己持有，这种不是为了注销目的而由公司重新取得并持有的股票，称为库存股票。从已发行股份中扣除库存股份，才是当时仍由股东持有的股份。库存股票不是资产，因为公司自己不能投资自己，公司不能通过购买自己的股票确认利得或损失。因此，库存股票视为公司股东权益的减少。库存股票没有投票权，没有优先认股权，也没有利润分配权和财产清算权，但参与股票的分拆。股份公司拥有库存股票，主要是为了满足雇员报酬合同的需要、为应付可能潜在的被收购兼并之需、减少外发股份以提高每股盈余、影响公司股票交易活动及股价、满足日后可能的吸收合并所需、合同规定的其他情形。

在我国，《公司法》规定，公司除因减少资本而注销股份或者与持有本公司股票的其他公司合并外，不得收购本公司的股票，因此在我国，对股东权益的会计处理中不会出现库存股票的问题。

四、资本公积

资本公积由全体股东享有。资本公积在转增资本时，按各个股东在实收资本中所占的投资比例计算的金额，分别转增各个股东的股本金额。资本公积与盈余公积不同，盈余公积是从净利润中取得的，而资本公积的形成有其特定的来源，与企业的净利润无关。

在我国，资本公积的内容主要包括资本溢价和股本溢价、接受捐赠资产、外币资本折算差额等。资本公积有其不同的来源，企业应当根据资本公积形成的来源，分别进行账务处理。会计核算上应设置“资本公积”科目，用以反映资本公积的增减变动情况。增加资本公积贷记本账户，减少资本公积借记本科目。余额在贷方，表示企业拥有的资本公积。该科目一般应设置以下明细科目：

"资本公积——股本溢价"，核算和反映企业实际收到的股本大于注册资本的金额。

"资本公积——接受现金捐赠"，核算和反映企业接受的现金捐赠。

"资本公积——接受捐赠非现金资产准备"，核算和反映企业接受非现金资产捐赠的价值，扣除未来应交所得税后的余额，在未转入"资本公积——其他资本公积"明细科目前计入资本公积的准备金额。

"资本公积——股权投资准备"，核算和反映企业对被投资单位的长期股权投资采用权益法核算时，因被投资单位接受资产捐赠等增加的资本公积，企业按其持股比例计算而增加的、未转入"资本公积——其他资本公积"前所形成的股权投资准备。采用权益法核算时，被投资单位资本公积中形成的股权投资准备，企业按其持股比例计算的部分，也在本明细科目核算。

"资本公积——拨款转入"，核算和反映企业收到国家拨入的专门用于技术改造、技术研究等的拨款项目完成后，按规定转入资本公积的部分。

"资本公积——外币资本折算差额"，核算和反映企业接受外币投资因所采用的汇率不同而产生的资本折算差额。

"资本公积——其他资本公积"，核算和反映企业除上述各项资本公积以外所形成的资本公积，以及从资本公积准备项目转入的金额。债务重组时，由债权人豁免的债务，以及确实无法支付的应付款项，也在本明细科目核算。

上述资本公积明细科目中的各种明细科目，如股权投资准备、接受捐赠资产准备等，是所有者权益的一种准备，在未实现前，即在未转入"资本公积——其他资本公积"明细科目前，不得用于转增资本（或股本）。

（一）资本溢价或股本溢价

资本溢价是指股东缴付的出资额大于注册资本而产生的差额。股东的出资额决定了该出资者在企业中应享有的权利和承担的义务。为了明确记录股东认缴的出资额，真实反映各股东对企业享有的权利和义务，公司设置了"实收资本"科目，核算投资者按照合同、协议或公司章程所规定的出资比例实际缴付的出资额。若股东实际的出资额大于这一规定的出资比例，为维护各股东的权益，这一差额作为资本公积处理。

资本溢价通常发生在企业追加新的投资（包括新的投资者加入和原有投资者按与以往不同比例增资）而使原有资本比例发生变化的情况下。这是因为，企业创立之初，要经过筹建、试生产经营、为产品寻找市场、开辟市场等过程，从而投入的资金需要承担较大的风险和费用，其利润率通常也较低。企业正常经营后，通常经营风险降低、利润率提高。另外，企业经过一段时期的经营之后，利润积累增加了所有者权益，但并未转增资本。鉴于以上原因，新加入的资本欲与原有资本获得同样的权利，必须对原有资本提供补偿，新加入的投资者要付出大于原有投资者的出资额，才能取得与原投资者相同的投资比例，这就是资本溢价。

上市公司配股或增发新股：上市公司的股东以其所拥有的其他企业的全部或部分股权作为配股资金，或作为认购新股的股款的，上市公司所接受的股权，应按照配股或增发新股所确定的价格，确认为初始股权投资成本，按照该股东配股或增发新股所享有的股份面值总额作为股本，其差额作为资本公积（股本溢价）；上市公司的股东以实物资产和可辨认的无形资产作为配股资金，或作为认购新股股款的，上市公司所接受的实物资产和可辨认的无形资产，应当按照配股或增发新股所确定的价格作为其接受资产的成本，按照该股东配股或增发新股所享有的股份面值总额作为股本，其差额作为资本公积（股本溢价）。

（二）接受捐赠资产

接受捐赠是指企业接受捐赠人捐赠的资产。捐赠是捐赠人对企业的援助行为，但由于捐赠人援助后并不一定谋求对企业的资产请求权，也不会由于其捐赠资产行为对企业承担责任。所以，捐赠人不是企业的股东，这种援助也不形成企业的实收资本。但这种援助会使企业的经济资源增加。我国《企业会计准则》规定，企业接受捐赠的资产价值作为资本公积，为所有者所共有，属于所有者权益，会计上记入“资本公积”账户。

接受捐赠的资产可以分为现金资产和非现金资产两部分。接受非现金资产捐赠，因其待处置时要交纳所得税，因此，在所接受的非现金资产尚未处置前所形成的资本公积作为资本公积的准备项目。另外，从会计核算角度考虑，在企业持续经营情况下，在接受捐赠非现金资产时，如接受固定资产、原材料等捐赠时，没有实际的货币流入，这时可将捐赠视为一种投资行为，将接受捐赠的实物资产价值扣除未来应交所得税后的差额暂记在“资本公积——接受捐赠非现金资产准备”科目中；在处置该项捐赠的实物资产或使用时，由于该项资产上的所有收益已经实现，应将原记“资本公积——接受捐赠非现金资产准备”科目的金额转入“资本公积——其他资本公积”科目。

如果企业接受货币性捐赠，应将接受捐赠的货币性捐赠资产扣除应交所得税后的余额直接计入“资本公积接受现金捐赠”科目。

（三）股权投资准备

股权投资准备，是企业对被投资单位的长期股权投资采用权益法核算时，因被投资单位接受资产捐赠等增加的资本公积，企业按其持股比例计算而增加的资本公积。它是未转入“资本公积——其他资本公积”前所形成的股权投资准备。采用权益法核算时，被投资单位资本公积中形成的股权投资准备，企业按其持股比例计算的部分，也在本明细科目核算。

企业采用权益法核算长期股权投资时，长期投资的账面价值财务会计将随着被投资单位所有者权益的增减而增加或减少，以使长期股权投资的账面价值与应享有被投资单位所有者权益的份额基本保持一致。因此，被投资单位接受资产捐赠等形成的属于准备性质的资本公积，企业应按其持股比例计算应享有的份额，增加长期股权投资和资本公积的准备项目，待处置长期股权投资时，再将其余额转入“资本公积——其他资本公积”明细科目。

（四）拨款转入

拨款转入，是国家对某些国有企业拨入的专项用于技术改造、技术研究等项目的拨款。在该拨款项目完成后，形成资产的拨款部分，转作资本公积。在我国，国家对某些行业或企业拨出专款，专门用于企业的技术改造、技术研究等项目，在收到拨款时，暂做长期负债处理。待该项目完成后，属于费用而按规定予以核销的部分，直接冲减长期负债；属于形成资产价值的部分，从理论上讲应视为国家的投资，增加国家资本，但因增加资本需要经过一定的程序。因此，暂计资本公积，待转增资本时再减少资本公积。在未转增资本公积前，形成资本公积的一项来源。

（五）外币资本折算差额

外币资本折算差额是指企业接受外币投资时，外币资产采用不同折合汇率产生的差额。在我国，企业通常以人民币为记账本位币，在收到外币资产时需要将外币资产价值折合为人民币记账。在将外币资产折合为人民币记账时，其折合汇率按以下原则确定：

一是对于各项外币资产账户，一律按收到出资额当日的汇率折合。

二是对于实收资本账户，合同约定汇率的，按合同约定的汇率折合；合同没有约定汇率的，按收到出资额当日的汇率折合。由于有关资产账户与实收资本账户所采用的折合汇率不同而产生的人民币差额，做资本公积处理。企业收到投资者投入的外币资产，按收到出资额当日的汇率折合的人民币金额，借记有关资产科目，按合同约定汇率或按收到出资额当日的汇率折合的人民币金额，贷记“实收资本”，按收到出资额当日的汇率折合的人民币金额与按合同约定汇率折合的人民币金额之间的差额，借记或贷记“资本公积——外币资本折算差额”。

第五章　财务会计收入、费用与利润

第一节　收入

一、收入及其特征

（一）收入的概念

收入是指企业在日常活动中形成的、会使所有者权益增加的、与所有者投入资本无关的经济利益的总流入。

收入包括销售商品收入、提供劳务收入和让渡资产使用权收入。企业代第三方收取的款项，应当作为负债处理，不应当确认为收入。企业应当根据其在向客户转让商品前是否拥有对该商品的控制权来判断其从事交易时的身份是主要责任人还是代理人。企业在向客户转让商品前能够控制该商品的，该企业为主要责任人，应当按照已收或应收对价总额确认收入；否则，该企业为代理人，应当按照预期有权收取的佣金或手续费的金额确认收入，该金额应当按照已收或应收对价总额扣除应支付给其他相关方的价款后的净额，或者按照既定的佣金金额或比例等确定。

（二）收入的特征

1. 收入从企业的日常活动中产生，而不是从偶发的交易或事项中产生

如工商企业销售商品、提供劳务的收入等。有些交易或事项也能为企业带来经济利益，但不属于企业的日常活动，其流入的经济利益是利得，而不是收入，如出售固定资产，因固定资产是为使用而不是为出售而购入的，将固定资产出售并不是企业的经营目标，也不属于企业的日常活动，出售固定资产取得的收益不

作为收入核算。

2. 收入会使企业所有者权益增加

收入可能表现为企业资产的增加，如增加银行存款、应收账款等；也可能表现为企业负债的减少，如以商品或劳务抵偿债务；或者两者兼而有之。例如商品销售的货款中部分抵偿债务，部分收取现款。这里所指的以商品或劳务抵债不包括债务重组中的以商品抵债。

收入能增加资产或减少负债或两者兼而有之，因此，根据“资产-负债=所有者权益”的公式，企业取得收入一定能增加所有者权益。但收入扣除相关成本费用后的净额，则可能增加所有者权益，也可能减少所有者权益。这里仅指收入本身使得的所有者权益的增加，而不是指收入扣除相关成本费用后的结果对所有者权益的影响。

3. 收入只包括本企业经济利益的流入，不包括为第三方代收的款项

企业代国家收取的增值税、代收利息等代收的款项，一方面增加企业的资产，另一方面增加企业的负债。因此，不增加企业的所有者权益，也不属于本企业的经济利益，不能作为本企业的收入。

二、收入的分类

按照在企业经营业务中的主次收入可以分为主营业务收入和其他业务收入。

（一）主营业务收入

主营业务收入，是指企业通过主要经营业务所取得的收入。例如制造企业以销售产成品、半成品和提供工业性劳务作业为主，商品流通企业以销售商品为主，旅游服务业以门票收入、客房收入、餐饮收入为主等。

（二）其他业务收入

其他业务收入，是指企业通过主要经营业务以外的其他经营活动取得的收入。如销售材料、代购代销、出租包装物等取得的收入。

三、销售商品收入

(一) 销售商品收入的确认

以控制权转移替代风险报酬转移作为收入确认时点的判断标准如下：

企业应当在履行了合同中的履约任务，即在客户取得相关商品控制权时确认收入。取得相关商品控制权，是指能够主导该商品的使用并从中获得几乎全部的经济利益。

当企业与客户之间的合同同时满足下列条件时，企业应当在客户取得相关商品控制权时确认收入：

一是合同各方已批准该合同并承诺将履行各自义务；

二是该合同明确了合同各方与所转让商品或提供劳务（以下简称“转让商品”）相关的权利和义务；

三是该合同有明确的与所转让商品相关的支付条款；

四是该合同具有商业实质，即履行该合同将改变企业未来现金流量的风险、时间分布或金额；

五是企业因向客户转让商品而有权取得的对价很可能收回。

在合同开始日即满足前数条件的合同，企业在后续期间无须对其进行重新评估，除非有迹象表明相关事实和情况发生重大变化，合同开始日通常是指合同生效日。

在合同开始日不符合本准则第五条规定的合同，企业应当对其进行持续评估，并在其满足本准则第五条规定时按照该条的规定进行会计处理。

对于不符合本准则第五条规定的合同，企业只有在不再负有向客户转让商品的剩余义务，且已向客户收取的对价无须退还时，才能将已收取的对价确认为收入；否则，应当将已收取的对价作为负债进行会计处理。没有商业实质的非货币性资产交换，不确认收入。

(二) 销售商品收入的计量

企业销售商品收入满足收入确认条件时，应当按照已收或应收合同或协议价款的公允价值确定销售商品收入的金额，已收或应收的合同或协议价款显失公允的除外。

购货方已收或应收的合同或协议价款，通常为公允价值。

应收的合同或协议价款与其公允价值相差较大的，应按照应收的合同或协议价款的公允价值确定销售商品收入金额，应收的合同或协议价款与其公允价值之间的差额，应当在合同或协议期间内采用实际利率法进行摊销，计入当期损益。

某些情况下，合同或协议明确规定销售商品需要延期收取款项，如分期收款销售商品，实质上具有融资性质的，应当按照应收的合同或协议价款的现值确定其公允价值。应收的合同或协议价款与其公允价值之间的差额，应当在合同或协议期间内，按照应收款项的摊余成本和实际利率计算确定的摊销金额，冲减财务费用。

销售商品涉及商业折扣的，应当按照扣除商业折扣后的金额来确认销售商品收入金额。

销售商品涉及现金折扣的，应当按照扣除现金折扣前的金额来确认销售商品收入金额。现金折扣在实际发生时计入当期损益。

企业已经确认销售商品收入的售出商品发生销售折让的，应当在发生时冲减当期销售商品收入。销售折让属于资产负债表日后事项的，适用资产负债表日后事项会计准则。

企业已经确认销售商品收入的售出商品发生销售退回的，应当在发生时，冲减当期的销售商品收入。销售退回属于资产负债表日后事项的，适用资产负债表日后事项会计准则。

总之，企业在确定销售商品收入时，不考虑各种预计可能发生的现金折扣、销售折让和销售退回。现金折扣在实际发生时计入发生当期财务费用，销售折让和销售退回在实际发生时作为当期销售收入的减项。

（三）销售商品收入的会计处理

销售商品业务主要是指企业以取得货币性资产方式的商品销售，它是制造企业和商品流通企业的主要经营业务。

企业应设置“主营业务收入”科目核算企业销售商品主营业务的收入。本科目可按主营业务的种类进行明细核算。期末，应将“主营业务收入”科目的余额转入“本年利润”科目，结转后本科目无余额。

不仅如此，企业还应当设置“主营业务成本”科目核算企业确认销售商品收入实现时应结转的成本。本科目可按主营业务的种类进行明细核算。期末，应将“主营业务成本”科目的余额转入“本年利润”科目，结转后本科目无余额。

1. 一般销售商品业务的会计处理

企业销售商品符合收入确认条件的，应在收入确认时，按确定的收入金额与应收取的增值税，借记“银行存款”“应收账款”“应收票据”等科目；按确认的收入金额，贷记“主营业务收入”科目；按应收取的增值税，贷记“应交税费——应交增值税（销项税额）”科目。

企业销售商品，在销售商品收入实现时或月份终了，结算已销商品的实际成本，借记“主营业务成本”科目，贷记“库存商品”等科目。

2. 销售商品涉及商业折扣、现金折扣和销售折让业务的会计处理

（1）销售商品涉及商业折扣业务的会计处理

商业折扣，是指企业为促进商品销售而在商品标价上给予的价格扣除。

企业销售商品涉及商业折扣的，应当按照扣除商业折扣后的金额来确认销售商品收入金额。无须另做账务处理。

（2）销售商品涉及现金折扣业务的会计处理

现金折扣，是指债权人为鼓励债务人在规定的期限内付款而向债务人提供的债务扣除。

（3）销售商品涉及销售折让业务的会计处理

销售折让，是指企业因售出商品的质量不合格等在售价上给予的减让。

企业已经确认销售商品收入的售出商品发生销售折让的，应当在发生时冲减当期销售商品收入。销售折让属于资产负债表日后事项的，适用资产负债表日后事项会计准则。

企业将商品销售后，如购货方发现商品在质量、规格等方面不符合要求，可能要求销货方在价格上给予一定的减让。销售折让应在实际发生时冲减当期的收入。发生销售折让时，按规定允许扣减当期的销项税额，应同时用红字冲减“应交税费——应交增值税（销项税额）”科目。

3. 销售商品涉及销售退回业务的会计处理

销售退回是指企业售出的商品由于质量、品种不符合要求等而发生的退货。销售商品涉及销售退回业务，企业应按不同情况进行会计处理。

（1）尚未确认销售收入的销货退回

销售退回可能发生在企业确认收入之前，这种处理比较简单，只须将已记入“发出商品”科目的商品成本转回“库存商品”科目。

（2）已确认收入实现的销货退回

如企业销售商品收入确认后，又发生销售退回的，不论是当年销售的，还是以前年度销售的，一般均应冲减退回当月的销售收入，同时冲减退回当月的销售成本；企业发生销售退回时，按规定允许扣减当月销项税额，应同时用红字冲减“应交税费——应交增值税（销项税额）”科目。

（3）在资产负债表日至财务报告批准报出日间发生的退回

这种情况应作为资产负债表日后发生的调整事项，冲减报告年度的收入、成本和税金；如该项销售在资产负债表日及之前已发生现金折扣或销售折让的，还应同时冲减报告年度相关的折扣、折让。

4. 销售商品不符合收入确认条件的会计处理

如果企业售出的商品不符合销售收入确认的五个条件中的任何一条，均不应确认收入。对于企业未满足收入确认条件但已经发出商品的实际成本（或进价）或计划成本（或售价），企业应设置“发出商品”科目进行核算。本科目可按购货单位、商品类别和品种进行明细核算。“发出商品”科目期末借方余额，反映企业发出商品的实际成本（或进价）或计划成本（或售价）。

（四）特殊销售商品业务

企业会计实务中，可能遇到一些特殊的销售商品业务，在将销售商品收入确认和计量原则运用于特殊销售商品收入的会计处理时，应结合这些特殊销售商品交易的形式，并注重交易的实质。

1. 代销商品业务

代销商品是委托方委托受托方代售商品的销售方式，代销商品通常有“视同买断”和“收取手续费”代销两种方式。

（1）视同买断方式代销商品

视同买断方式是指由委托方和受托方签订协议，委托方按协议价格收取委托代销商品的货款，实际售价可由受托方自定，实际售价与协议价之间的差额归受托方所有的销售方式。

如果委托方和受托方之间的协议明确标明，受托方在取得代销商品后，无论是否卖出、是否获利，均与委托方无关，此种代销商品交易，与委托方直接销售商品给受托方没有实质区别。在符合销售商品收入确认条件时，委托方应确认相关销售商品收入。

如果委托方和受托方之间的协议明确标明，将来受托方在没有将商品售出时可以将商品退回给委托方，或受托方因代销商品出现亏损时可以要求委托方补偿，那么委托方在交付商品时不确认收入，受托方也不作为购进商品处理。

受托方将商品销售后，按实际售价确认销售收入，并向委托方开具代销清单；委托方收到代销清单时，再确认本企业的销售收入。

（2）收手续费方式代销商品

收手续费方式，是受托方根据所代销的商品数量向委托方收取手续费的方式。

对于受托方来说，收取的手续费实际上是一种劳务收入。

在这种代销方式下，委托方发出商品时，商品所有权上的主要风险和报酬未转移给受托方，因此，委托方在发出商品时通常不应确认销售商品收入，而应在收到受托方开出的代销清单时确认销售商品收入；受托方应在商品销售后，按合同或协议约定的方法计算确定的手续费确认收入。

2. 订货或预收款销售商品

订货销售，是指已收到全部或部分货款，而库存没有现货，需要通过制造等程序才能将商品交付购货方的销售方式。在这种方式下，企业通常在发出商品时确认收入实现，在此之前预收的货款应确认为负债。

预收款销售商品，是指购买方在商品尚未收到前按合同或协议约定分期付款，销售方在收到最后一笔款项时才交货的销售方式。在这种方式下，企业通常在发出商品时确认收入实现，在此之前预收的货款应确认为负债。企业向客户预收销售商品款项的，应当首先将该款项确认为负债，待履行了相关履约义务时再转为收入。当企业预收款项无须退回，且客户可能会放弃其全部或部分合同权利时，企业预期将有权获得与客户所放弃的合同权利相关的金额的，应当按照客户行使合同权利的模式按比例将上述金额确认为收入；否则，企业只有在客户要求其履行剩余履约任务的可能性极低时，才能将上述负债的相关余额转为收入。

3. 具有融资性质的递延方式分期收款销售商品

对于采用递延方式分期收款（通常为超过三年）、具有融资性质的销售商品满足收入确认条件的，企业按应收合同或协议价款公允价值确定收入金额，借记“长期应收款”科目；按应收合同或协议价款的公允价值（折现值），贷记“主营业务收入”科目；按其差额，贷记“未实现融资收益”科目。应收的合同或协议价款与其公允价值之间的差额，应当在合同或协议期间内，按照应收款项摊余成本和实际利率计算确定的摊销金额，冲减财务费用。

4. 附有销售退回条件的销售

附有销售退回条件的销售，须同时确认退货权资产及预期退款负债。

对于附有销售退回条款的销售，企业应当在客户取得相关商品控制权时，按照因向客户转让商品而预期有权收取的对价金额（不包含预期因销售退回将退还的金额）确认收入，按照预期因销售退回将退还的金额确认负债；同时，按照预期将退回商品转让时的账面价值，扣除收回该商品预计发生的成本（包括退回商品的价值减损）后的余额，确认为一项资产，按照所转让商品转让时的账面价值，扣除上述资产成本的净额结转成本。

每一资产负债表日，企业应当重新估计未来销售退回情况，如有变化，应当作为会计估计变更进行会计处理。在这种销售方式下，如果企业能够按照以往的经验对退货的可能性做出合理估计，应在发出商品后，按估计不会发生退货的部分确认收入，估计可能发生退货的部分，不确认收入；如果企业不能合理地确定退货的可能性，则在所售商品的退货期满时确认收入。

5. 售后回购

售后回购，是指企业销售商品的同时承诺或有权选择日后再将该商品（包括相同或几乎相同的商品，或以该商品作为组成部分的商品）购回的销售方式。

对于售后回购交易，企业应当区分下列两种情形分别进行会计处理：

（1）企业因存在与客户的远期安排而负有回购义务或企业享有回购权利的，

表明客户在销售时点并未取得相关商品控制权，企业应当作为租赁交易或融资交易进行相应的会计处理，其中，回购价格低于原售价的，应当视为租赁交易，按照《企业会计准则第21号——租赁》的相关规定进行会计处理；回购价格不低于原售价的，应当视为融资交易，在收到客户款项时确认金融负债，并将该款项和回购价格的差额在回购期间内确认为利息费用等。企业到期未行使回购权利的，应当在该回购权利到期时终止确认金融负债，同时确认收入。

（2）企业负有应客户要求回购商品义务的，应当在合同开始日评估客户是否具有行使该要求权的重大经济动因，客户具有行使该要求权重大经济动因的，企业应当将售后回购作为租赁交易或融资交易。

6. 售后租回

售后租回，是指销售商品的同时，销售方同意在日后再将同样的商品租回的销售方式。

在这种方式下，销售方应根据合同或协议条款判断企业是否已将商品所有权上的主要风险和报酬转移给购货方，以判断是否确认销售商品收入。

在大多数情况下，售后租回属于融资交易，企业不应确认销售商品收入，收到的款项应确认为负债，售价与资产账面价值之间的差额应分别不同情况进行会计处理。

（1）售后租回交易认定为融资租赁

如果售后租回交易认定为融资租赁的，资产售价与其账面价值之间的差额应当予以递延，并按照该项租赁资产的折旧进度进行分摊，作为折旧费用的调整。

（2）售后租回交易认定为经营租赁

如果售后租回交易认定为经营租赁的，资产售价与其账面价值之间的差额应当予以递延，并在租赁期内按照与确认租金费用相一致的方法进行分摊，作为租金费用的调整。但是，有确凿证据表明认定为经营租赁的售后租回交易是按照公允价值完成的，销售的商品按售价确认收入，并按账面价值结转成本。

7. 以旧换新的商品销售

以旧换新销售，是指销售方在销售商品的同时回收与所售商品相同的旧商品。在这种销售方式下，销售的商品应当按照销售商品收入确认条件确认收入，回收的旧商品作为购进商品处理。

四、提供劳务收入

（一）提供劳务收入的确认和计量

企业提供劳务收入的确认和计量，应该按照在资产负债表日提供劳务交易的结果能否可靠估计进行。

1. 提供劳务交易结果能够可靠估计

企业在资产负债表日提供劳务交易的结果能够可靠估计的，应当按照完工百分比法确认提供劳务收入。完工百分比法，是指按照提供劳务交易的完工进度确认收入与费用的方法。提供劳务交易的结果能够可靠估计，是指同时具备以下条件：

（1）收入的金额能够可靠地计量

收入的金额能够可靠地计量，企业应当按照从接受劳务方已收或应收的合同或协议价款确定提供劳务收入总额，已收或应收的合同或协议价款显失公允的除外。已收或应收的合同或协议价款可能随着劳务的不断提供，根据实际情况增加或较少，此时企业应及时调整提供劳务收入的总额。

（2）相关的经济利益很可能流入企业

相关的经济利益很可能流入企业，是指提供劳务收入总额收回的可能性大于不能收回的可能性。

通常情况下，企业提供劳务符合合同或协议要求，接受劳务方承诺付款，就表明提供劳务收入总额收回的可能性大于不能收回的可能性。如果企业提供劳务收入总额不是很可能流入企业，应当提供确凿证据。

（3）交易的完工进度能够可靠确定

企业确定提供劳务交易的完工进度，可以选用下列方法：

①已完成工作的测量。

②已经提供的劳务占应提供的劳务总量的比例。

③已发生的成本占估计总成本的比例。

（4）交易中已发生的和将发生的成本能够可靠地计量

交易中已发生的和将发生的成本能够可靠地计量，是指交易中已发生的和将发生的成本能够可靠地估计，企业应当随着劳务的不断提供或外部情况的不断变化，随时对将要发生的成本进行修订。

企业应当在资产负债表日按提供劳务收入总额乘以完工进度扣除以前会计期间累计已确认提供劳务收入后的金额，确认当期提供劳务收入；同时，按照提供劳务总成本乘以完工进度扣除以前会计期间累计已确认提供劳务成本后的金额，确认当期提供劳务成本。

2. 提供劳务交易结果不能够可靠估计

企业在资产负债表日提供劳务交易结果不能够可靠估计的，应当分别下列情况处理：

(1) 已经发生的劳务成本预计能够得到补偿

应按已经发生的劳务成本金额确认收入，并按相同金额结转成本。

(2) 已经发生的劳务成本预计只能部分得到补偿的

应当按照能够得到补偿的劳务成本金额确认收入，并按已经发生的劳务成本结转劳务成本。

(3) 已经发生的成本预计全部不能够得到补偿的

应当将已经发生的劳务成本计入当期损益，不确认提供劳务收入。

3. 销售商品和提供劳务的混合劳务

企业与其他企业签订的合同或协议包括销售商品和提供劳务时，销售商品部分和提供劳务部分能够区分且能够单独计量的，将提供劳务的部分作为提供劳务处理。

销售商品部分和提供劳务部分不能够区分的，或虽能区分但不能够单独计量的，应当将销售商品部分和提供劳务部分全部作为销售商品处理。

4. 特殊劳务交易

下列提供劳务满足收入确认条件的，应按规定确认收入。

(1) 安装费，在资产负债表日根据安装的完工进度确认收入。安装工作是商品销售附带条件的，安装费在确认商品销售实现时确认收入。

(2) 宣传媒介的收费，在相关的广告或商业行为开始出现于公众面前时确认收入。广告的制作费，在资产负债表日根据制作广告的完工进度确认收入。

(3) 为特定客户开发软件的收费，在资产负债表日根据开发的完工进度确认收入。

（4）包括在商品售价内可区分的服务费，在提供服务的期间内分期确认收入。

（5）艺术表演、招待宴会和其他特殊活动的收费，在相关活动发生时确认收入。收费涉及几项活动的，预收的款项应合理分配给每项活动，分别确认收入。

（6）申请入会费和会员费只允许取得会籍，所有其他服务和商品都要另行收费的，在款项收回不存在重大不确定性时确认收入。申请入会费和会员费能使会员在会员期内得到各种服务或商品，或者以低于非会员的价格销售商品或提供劳务的，在整个收益期内分期确认收入。

（7）属于提供设备和其他有形资产的特许权费，在交付资产或转移资产所有权时确认收入；属于提供初始及后续服务的特许权费，在提供服务时确认收入。

（8）长期为客户提供重复的劳务收取的劳务费，在相关劳务活动期间发生时确认收入。

（二）提供劳务收入的会计处理

企业提供劳务的收入可能在劳务完成时确认，也可能按完工百分比法等确认。

劳务收入在确认时，应按确定的收入金额借记“应收账款”“预收账款”“银行存款”等科目，贷记“主营业务收入”“其他业务收入”科目；发生成本费用支出时，借记“劳务成本”科目，贷记“原材料”“应付职工薪酬”“银行存款”等科目；结转提供劳务成本时，借记“主营业务成本”“其他业务成本”等科目，贷记“劳务成本”科目。“劳务成本”科目期末借方余额，反映企业尚未完成或尚未结转的劳务成本。

1. 提供劳务交易的结果能够可靠估计情况下的会计处理

企业应在提供的劳务完成时确认收入。

2. 提供劳务交易结果不能够可靠估计情况下的会计处理

企业在资产负债表日，不能对提供劳务交易的结果做出可靠估计的情况下，应按已经发生并预计能够补偿的劳务成本确认收入，并按相同的金额结转成本；

如预计已经发生的劳务成本不能得到补偿，则不应确认收入，但应将已经发生的成本确认为当期费用。

3. 销售商品业务和提供劳务混合业务

企业与其他企业签订的合同或协议，有时既包括销售商品又包括提供劳务，如销售电梯的同时负责安装工作、销售软件后继续提供技术支持等。此时，如果销售商品部分和提供劳务部分能够区分且能够单独计量的，将提供劳务的部分作为提供劳务处理；如果销售商品部分和提供劳务部分不能够区分的，或虽能区分但不能够单独计量的，应当将销售商品部分和提供劳务部分全部作为销售商品进行会计处理。

4. 授予客户奖励积分业务

授予积分时，应当将销售取得的货款或应收货款在本次商品销售或劳务提供产生的收入与奖励积分的公允价值之间进行分配，将取得的货款或应收货款扣除奖励积分公允价值的部分确认为收入，奖励积分的公允价值确认为递延收益。奖励积分公允价值为单独销售可取得的金额。兑换积分时，获得奖励积分的客户满足条件时有权取得授予企业的商品或服务，在客户兑换奖励积分时，授予企业应将原计入递延收益的与所兑换积分相关的部分确认为收入。

5. 特殊劳务收入

（1）安装费

如果安装费是与商品销售分开的，则应在年度终了时根据安装的完工程度确认收入；如果安装费是商品销售收入的一部分，则应与所销售的商品同时确认收入。

（2）宣传媒介收费

宣传媒介收费应在相关的广告或商业行为开始出现于公众面前时予以确认；广告的制作费则应在年度终了时根据项目的完成程度确认。

（3）为特定客户开发软件的收费

在资产负债表日根据开发的完工进度确认收入。

（4）在商品售价内可区分的服务费

在提供服务的期间内分期确认为收入。

（5）艺术表演、招待宴会和其他特殊活动的收费

因艺术表演、招待宴会以及其他特殊活动而产生的收入，应在这些活动发生

时予以确认；如果是一笔预收几项活动的费用，则这笔预收款应合理分配给每项活动。

（6）申请入会费和会员费收入

如果所收费用只允许取得会籍，而所有其他服务或商品都要另行收费，则在款项收回不存在任何不确定性时确认为收入；如果所收费用能使会员在会员期内得到各种服务或出版物，或者以低于非会员所负担的价格购买商品或接受劳务，则该项收费应在整个受益期内分期确认收入。

（7）特许权费收入

属于提供设备和其他有形资产的部分，应在这些资产的所有权转移时，确认为收入。属于提供初始及后续服务的部分，在提供服务时确认为收入。

（8）长期为客户提供某重复劳务收取的劳务费

应在相关劳务活动发生时确认为收入，如企业收取的物业管理费等。

五、让渡资产使用权收入

让渡资产使用权收入包括利息收入（金融企业对外贷款形成的利息收入等）、使用费收入（企业转让资产的使用权形成的使用费收入），企业对外出租资产收取的租金、进行债权投资收取的利息、进行股权投资取得的现金股利，也属于让渡资产使用权形成的收入。

（一）让渡资产使用权收入的确认和计量

1. 让渡资产使用权收入的确认

让渡资产使用权收入同时满足下列条件的，才能予以确认：

（1）相关的经济利益很可能流入企业

相关的经济利益很可能流入企业，是任何交易均应遵循的一项重要原则，企业应根据对方的信誉情况、当年的效益情况以及双方就结算方式、付款期限等达成的协议等方面进行判断。如果企业估计收入收回的可能性不大，就不应确认收入。

（2）收入的金额能够可靠计量

当企业让渡资产使用权收入的金额能够可靠地计量时，才能进行确认。

2. 让渡资产使用权收入的计量

企业应当分别下列情况确定让渡资产使用权收入金额：

（1）利息收入金额

按照他人使用本企业货币资金的时间和实际利率计算确定。

（2）使用费收入金额

按照有关合同或协议约定的收费时间和方法计算确定。

（二）让渡资产使用权收入的会计处理

1. 利息收入的会计处理

企业在资产负债表日，按照他人使用本企业货币资金的时间和实际利率计算并确认利息收入，借记“应收利息”“贷款”“银行存款”等科目，贷记“其他业务收入”“利息收入”等科目。

2. 使用费收入的核算

使用费收入应按有关合同或协议规定的收费时间和方法确认。不同的使用费收入，其收费时间和收费方法各不相同，有一次收回一笔固定的金额的，有在协议规定的有效期内分期等额收回的，有分期不等额收回的等。

如果合同、协议规定一次性收取使用费，且不提供后期服务的，应视同销售该项资产一次性确认收入；如提供后期服务的，应在合同、协议规定的有效期内分期确认收入。如合同规定分期收取使用费的，应按合同规定的收款时间和金额或合同规定的收费方法计算确定的金额分期确认收入。

使用费收入在确认时，应按确定的收入金额借记“应收账款”“银行存款”等科目，贷记“其他业务收入”或“主营业务收入”科目；发生的有关费用支出，借记“其他业务成本”“主营业务成本”“营业税金及附加”等科目，贷记“银行存款”“应交税费”等科目。

第二节 费用

一、费用的概念

费用是指企业在日常活动中发生的、会导致所有者权益减少的、与向所有者分配利润无关的经济利益的总流出。

费用有狭义和广义之分。广义的费用泛指企业各种日常活动发生的所有耗费，狭义的费用仅指与本期营业收入相配比的那部分耗费。费用应按照权责发生制和配比原则确认，凡应属于本期发生的费用，不论其款项是否支付，均确认为本期费用；反之，不属于本期发生的费用，即使其款项已在本期支付，也不确认为本期费用。

二、费用的分类

企业发生的各项费用可以按照不同的标准进行分类，其中最基本的是按照费用的经济内容分类和按照费用的经济用途分类，同时，还有一些其他的分类方法。

（一）费用按其经济内容分类

费用按照经济内容进行分类，一般可细分为以下七类：

一是外购材料，指企业为进行生产而耗用的一切从外部购入的原料及主要材料、外购半成品、铀助材料、修理用备件和周转材料等。

二是外购燃料，指企业为进行生产而耗用的从外部购进的各种燃料，如煤炭、油料等。

三是外购动力，指企业为进行生产而耗用的从外部购进的各种动力，如购入电力等。

四是职工薪酬，指企业为生产产品和提供劳务而发生的应计入成本费用的职工工资、奖金、津贴、工会经费、职工教育经费、社会保险费和住房公积金等。

五是折旧费，指企业按照核定的固定资产折旧率计算提取，计入成本和费用的固定资产折旧额。

六是利息支出，指企业应计入成本费用的利息支出减去利息收入后的净额。

七是其他支出，指不属于以上各要素的费用支出。

（二）费用按其经济用途分类

费用按照经济用途分类，可分为以下四类：

一是直接材料，指构成产品实体或有助于产品形成的各项原料及主要材料、辅助材料、燃料、备品备件、外购半成品和其他直接材料。

二是直接人工，指直接从事产品生产人员的工资、奖金、津贴、补贴、福利费、社会保险费、住房公积金等。

三是制造费用，指企业各生产单位为组织和管理生产所发生的各项费用。

四是期间费用，指企业在生产经营过程中发生的销售费用、管理费用和财务费用。

（三）费用按其同产量之间的关系分类

按照费用同产量之间的关系，可以把费用分为固定费用和变动费用。

固定费用，是指产量在一定范围内，费用总额不随着产品产量变动而变动的费用，如固定资产折旧费、管理人员薪酬、办公费等。

变动费用，是指费用总额随着产品产量的变动面变动的费用，如原材料费用和生产工人计件工资等。

三、费用的确认

费用只有在经济利益很可能流出从而导致企业资产减少或者负债增加且经济利益的流出额能够可靠计量时才能予以确认。

（一）费用确认的标准

1. 企业为生产产品，提供劳务等发生的可归属于产品成本、劳务成本等的费用，应当在确认产品销售收入、劳务收入等时，将已销售产品，已提供劳务的成本等计入当期损益。

2. 企业发生的支出不产生经济利益的，或者即使能够产生经济利益但不符合或者不再符合资产确认条件的，应当在发生时确认为费用，计入当期损益。

3. 企业发生的交易或者事项导致其承担了一项负债而又不确认为一项资产的，应当在发生时确认为费用，计入当期损益。

（二）费用确认的原则

1. 划分收益性支出与资本性支出原则

资本性支出是指通过它所取得的财产或劳务的效益，可以给予多个会计期间所发生的那些支出。因此，该项支出应予以资本化。如果某项支出的效益仅限于本会计年度（一个营业周期），就应作为收益性支出，在一个会计期间内确认为费用。

2. 权责发生制原则

凡是当期已经发生或应当负担的费用，不论款项是否收付，都应作为当期的费用；凡是不属于当期的费用，即使款项已在当期支付，也不应当作为当期的费用。

3. 配比原则

配比原则的基本含义在于，当收入已经实现时，某些资产（如物料用品）已被消耗，已被耗用的这些资产和劳务的成本，应当在确认有关收入的期间予以确认。如果收入要到未来期间实现，相应的费用就应递延分配于未来的实际受益期间。

（三）费用确认应区分的界限

1. 区分生产费用与非生产费用的界限

生产费用是指与企业日常生产经营活动有关的费用，如生产产品所发生的原材料费用；非生产费用是指不应由生产产品负担的费用，如用于购建固定资产所发生的费用。

2. 区分生产费用与产品生产成本的界限

生产费用与一定的时期相联系，而与生产的产品无直接关联；产品生产成本则与一定品种和数量的产品相联系，而不论发生在哪一期。

3. 区分生产费用与期间费用的界限

生产费用应当计入产品成本，构成成本费用；而期间费用不计入产品成本，直接计入当期损益。

四、营业成本的核算

营业成本是指为获得营业收入而付出的产品、商品的价值。它与营业收入密切相关，按照配比原则在确认营业收入的当期必须同时确认营业成本。

与主营业务收入相对应，企业为获得主营业务收入而发生的耗费是主营业务成本。在工业企业表现为销售产成品、自制半成品和工业性劳务的成本；在商品流通企业表现为销售商品的成本。无论在工业企业还是商品流通企业或其他行业企业，它都通过“主营业务成本”科目核算。商品销售后，在反映“主营业务收入”的当期应随时或在期末集中结转销售成本，借记“主营业务成本”科目，贷记“库存商品”科目。

与其他业务收入相对应，企业为获得其他业务收入而发生的耗费是其他业务成本。企业设置“其他业务成本”科目，用来核算企业除主营业务成本以外的其他销售或其他业务所发生的支出，包括销售材料、出租无形资产的折旧额、出租无形资产的摊销额、出租包装物的成本或摊销额等支出及转销的情况。“其他业务成本”账户借方登记企业发生的其他业务成本，贷方登记期末转入“本年利润”的其他业务成本的数额，期末结账后本账户无余额。

五、税金及附加

企业在取得销售收入后，根据我国税法的相关规定，应按照销售收入的一定比例缴纳营业税费，如增值税、消费税、城市维护建设税、资源税以及教育费附加等。企业在销售过程中税金核算需要设置“税金及附加”科目。用来核算企业经营活动应负担的税金及附加的确认以及结转情况，经营活动应负担的税金及附加包括消费税、城市维护建设税、资源税和教育费附加等。该账户借方登记企业按照规定计算的应负担的营业税金及附加的金额，贷方登记期末转入“本年利润”账户的营业税金及附加的金额，期末结账后无余额。

六、期间费用的核算

期间费用是企业当期发生的费用中的重要组成部分，是指本期发生的、不能直接或间接归入某种产品成本的、直接计入损益的各项费用，包括管理费用、销售费用和财务费用。

（一）管理费用

管理费用是指企业为组织和管理企业生产经营所发生的管理费用，包括企业在筹建期间内发生的开办费、董事会和行政管理部门在企业的经营管理中发生的或者应由企业统一负担的公司经费（包括行政管理部门职工工资及福利费、物料消耗、低值易耗品摊销、办公费和差旅费等）、工会经费、董事会费（包括董事会成员津贴、会议费和差旅费等）、聘请中介机构费、咨询费（含顾问费）、诉讼费、业务招待费、房产税、车船税、土地使用税、印花税、技术转让费、矿产资源补偿费、研究费用、排污费，以及企业生产车间（部门）和行政管理部门等发生的固定资产修理费用等。

企业发生的管理费用，在“管理费用”科目核算，并在“管理费用”科目中按费用项目设置明细账，进行明细核算。期末，“管理费用”科目的余额结转“本年利润”科目后无余额。

（二）销售费用

销售费用是指企业在销售商品和材料、提供劳务的过程中发生的各种费用，包括企业在销售商品过程中发生的保险费、包装费、展览费和广告费、商品维修费、预计产品质量保证损失、运输费、装卸费等，以及为销售本企业商品而专设的销售机构（含销售网点、售后服务网点等）的职工薪酬、业务费、折旧费、固定资产修理费等费用。

企业发生的销售费用，在“销售费用”科目核算，并在“销售费用”科目中按费用项目设置明细账，进行明细核算。期末，“销售费用”科目的余额结转“本年利润”科目后无余额。

企业（金融）应将“销售费用”科目改为“业务及管理费”科目，核算企业（金融）在业务经营和管理过程中所发生的各项费用，包括折旧费、业务宣传费、业务招待费、电子设备运转费、钞币运送费、安全防范费、邮电费、劳动保护费、外事费、印刷费、低值易耗品摊销、职工工资及福利费、差旅费、水电费、职工教育经费、工会经费、会议费、诉讼费、公证费、咨询费、无形资产摊销、长期待摊费用摊销、取暖降温费、聘请中介机构费、技术转让费、绿化费、董事会费、财产保险费、劳动保险费、住房公积金、物业管理费、研究费用、提取保险保障基金等。

（三）财务费用

财务费用是指企业为筹集生产经营所需资金等而发生的筹资费用，包括利息支出（减利息收入）、汇兑损益以及相关的手续费、企业发生的现金折扣或收到的现金折扣等。

企业发生的财务费用，在“财务费用”科目核算，并在“财务费用”科目中按费用项目设置明细账，进行明细核算。期末，“财务费用”科目的余额结转“本年利润”科目后无余额。

期末时，将所有的费用转入“本年利润”。

第三节　利润

一、利润及其构成

（一）利润的概念

利润是指企业在一定会计期间的经营成果。利润包括收入减去费用后的净额、直接计入当期利润的利得和损失等。

直接计入当期利润的利得和损失，是指应当计入当期损益、会引发所有者权益发生增减变动的、与所有者投入资本或者向所有者分配利润无关的利得或者损失。

（二）利润的构成

利润计算的有关公式如下：

利润总额（或亏损总额）= 营业利润+营业外收入-营业外支出

营业利润 = 营业收入-营业成本-税金及附加-销售费用-管理费用-财务费用-资产减值损失±公允价值变动损益±投资净收益

其中：

营业收入 = 主营业务收入+其他业务收入

营业成本 = 主营业务成本+其他业务成本

二、营业外收支净额的会计处理

（一）营业外收入

营业外收入是指与企业日常生产经营活动无直接关系的各项利得。营业外收入包括非流动资产处置利得、非货币性资产交换利得、债务重组利得、罚没利得、政府补助利得、无法支付的应付款项、盘盈利得、捐赠利得等。

1. 非流动资产处置利得

非流动资产处置利得主要包括固定资产处置利得和无形资产出售利得。固定资产处置利得，是指企业处置固定资产所取得的价款或报废固定资产的残料价值、变价收入，扣除固定资产账面价值、清理费用以及相关处置税费后的净收益；无形资产出售利得，是指企业出售无形资产所取得的价款，扣除无形资产账面价值以及相关出售税费后的净收益。

2. 非货币性资产交换利得

非货币性资产交换利得是指在非货币性资产交换以公允价值为基础计量的情况下，换出固定资产或无形资产的公允价值高于其账面价值的差额，扣除相关费用后的净收益。

3. 债务重组利得

债务重组利得是指企业在进行债务重组时，债务人重组债务的账面价值高于用于偿债的现金及非现金资产的公允价值、债权人放弃债权而享有股份的公允价值、重组后债务的入账价值的差额所形成的利得。

4. 罚没利得

罚没利得是指企业收入的滞纳金、违约金以及其他形式的罚款，在弥补了由对方违约而造成的经济损失后的净收益。

5. 无法支付的应付款项

无法支付的应付款项是指基于债权单位撤销或其他原因而无法支付，或者将应付款项划转给关联方等其他企业而无法支付或无须支付，按规定程序报经批准后转入当期损益的应付款项。

6. 捐赠利得

捐赠利得是指企业接受外部现金或非现金资产捐赠而获得的利得。

7. 盘盈利得

盘盈利得是指企业在财产清查中发现的库存现金实存数额超过账面数额而获得的资产溢余利得。

企业通过设置“营业外收入”科目核算上述内容。“营业外收入”账户的贷方登记企业实现的各项营业外收入；该账户的借方登记企业期末将营业外收入结转入“本年利润”账户。结转后本账户无余额。该账户可以按收入项目设置明细分类账，进行明细分类核算。

（二）营业外支出

营业外支出是指与企业正常生产经营活动无直接关系的各项损失。营业外支出包括非流动资产的处置损失、非货币性资产交换损失、债务重组损失、公益性捐赠支出、非常损失、盘亏损失等。

1. 非流动资产的处置损失

非流动资产的处置损失主要包括固定资产处置损失和无形资产出售损失。固定资产处置损失，是指企业处置固定资产所取得的价款或报废固定资产的残料价值、变价收入，不足以抵扣固定资产账面价值、清理费用以及相关处置税费后的净损失；无形资产出售损失，是指企业出售无形资产所取得的价款，不足以抵扣无形资产账面价值以及相关出售税费后的净损失。

2. 非货币性资产交换损失

非货币性资产交换损失是指在非货币性资产交换以公允价值为基础计量的情况下，换出固定资产或无形资产的公允价值高于其账面价值的差额，扣除相关费用后的净损失。

3. 债务重组损失

债务重组损失是指企业在进行债务重组时，债权人重组债务的账面价值高于用于偿债的现金及非现金资产的公允价值、债权人放弃债权而享有股份的公允价值、重组后债务的入账价值的差额所形成的损失。

4. 罚款支出

罚款支出是指企业由于违反合同、违法经营、偷税漏税、拖欠税款等而支付的违约金、罚款、滞纳金等支出。

5. 捐赠支出

捐赠支出是指企业对外进行公益性和非公益性捐赠而付出资产的价值。

6. 非常损失

非常损失是指企业基于自然灾害等客观原因造成的财产损失，在扣除保险公司赔款和残料价值后，应记入当期损益的净损失。

7. 盘亏损失

盘亏损失是指企业在财产清查中发现资产实存数量少于账面数量而发生的资产短缺的损失。

企业通过设置“营业外支出”科目核算上述内容，本科目可按支出项目进行明细核算。期末应将“营业外支出”科目余额转入“本年利润”科目，结转后本科目无余额。

三、本年利润的结转

企业应设置“本年利润”科目，核算当期实现的净利润（或发生的净亏损）。

企业期（月）末结转利润时，应将各损益类科目的金额转入“本年利润”科目，结平各损益类科目。结转后“本年利润”科目的贷方余额为当期实现的净利润，借方余额为当期实现的净亏损。

（一）企业应将各损益类科目的余额转入“本年利润”，结平各损益类科目

“本年利润”科目贷方登记期末反映收入的损益类科目转入的本期收入，科目借方登记期末反映费用的损益类科目转入的本期各项费用。期末结转损益类科目后，“本年利润”科目有余额：如果科目期末为贷方余额，则表示收入大于费用，即该余额表示其当年实现的累计净利润；如果年内科目期末为借方余额，则表示费用大于收入，即该余额表示当年的累计净亏损数额。

（二）年度终了，“本年利润”科目无余额

年度终了，该科目无论余额在借贷的哪一方，都需要将该余额转入“利润分配——未分配利润”科目，经过结转后该科目无余额。如果年度终了时，企业本年实现净利润，则转入“利润分配——未分配利润”科目的贷方；如果年度终了时，企业本年实现净亏损，则转入“利润分配——未分配利润”科目的借方。

四、利润的分配

（一）利润分配的原则

利润分配是指企业按照有关法规的规定，遵循一定的原则和程序，对企业一定时期的净利润进行分配的过程。利润分配涉及企业各个利益相关者的利益关系，既影响到企业财务活动的顺利展开，也影响到企业未来发展后劲的大小。作为企业一项重要财务活动，利润分配应遵循以下原则：

1. 合法原则

企业的利润分配必须依法进行。企业的利润分配涉及国家投资与收益对等原则，还涉及企业、股东、债权人和职工等各个利益相关者的利益。正确处理各方之间的利益关系，协调各方面的利益矛盾是进行利润分配的重要方面。为了规范企业的利润分配行为，国家颁布了《中华人民共和国公司法》《企业财务通则》等相关法律、法规。这些法律、法规规定了企业利润分配的基本要求、一般程序和重要比例，企业应当认真执行，不得违反。

2. 资本保全原则

企业的利润分配必须以资本保全为前提。投资者期望资本得以保值并增值，保值是最低要求，其根本目的是使资本增值。企业利润分配应是对资本增值部分进行分配，不应是投资者资本金的返还，否则将是一种清算行为。企业必须在有可供分配留存收益的情况下进行利润分配，只有这样才能充分保护投资者的利益。

3. 分配与积累兼顾原则

企业的利润分配必须坚持分配与积累兼顾原则。企业分配的结果是将净利润分成两部分：一部分分配给企业外部的企业所有者个体；另一部分留在企业内部形成企业的积累即留存收益。虽然这部分留存收益最终还是属于企业所有者的，但是其法人财产权属于企业，成为企业筹资的一种渠道，为企业增强了后劲，增强了企业抵抗风险的能力，提高了企业经营的稳定性和安全性，有利于所有者的长远利益。另外，适当的积累还有利于以丰补歉，平抑利润分配数额波动，稳定投资利润率，对外传递经营比较稳定的信息。

4. 投资与收益对等原则

企业利润分配应坚持投资与收益对等原则，即企业进行利润分配时应体现谁投资谁收益、收益大小与投资比例相适应的原则。投资与收益对等原则是正确处理投资者利益关系的关键。只有遵守投资与收益对等原则，才能从根本上实现利润分配中的“三公原则”，保护投资者的利益，提高投资者的积极性，维护资本市场的正常秩序。

（二）利润分配的内容和顺序

1. 利润分配的内容

支付股利是税后利润分配的一项，但不是利润分配的全部。按照《中华人民共和国公司法》和《企业财务通则》，公司税后分配即缴纳所得税之后的净利润分配项目主要包括以下内容：

（1）提取法定盈余公积金

法定盈余公积金按照公司净利润的10%提取，当公司法定盈余公积金累计额为公司注册资本的50%以上时，可以不再提取。公司的法定盈余公积金不足以弥补以前年度亏损的，在依照规定提取法定盈余公积金之前，应当先用当年利润弥补亏损，即税后补亏。

（2）提取任意盈余公积金

任意盈余公积金按照公司股东会或者股东大会决议，从公司税后利润即净利润中提取。

（3）向股东（投资者）分配利润（支付股利）

向股东（投资者）分配利润（支付股利），在公司弥补亏损和提取公积金之后。股利（利润）应以各股东（投资者）持有股份（投资额）的数额为依据按比例分配，但全体股东或公司章程约定不按持股比例分配的除外。股份有限公司依法回购后暂未转让或者注销的股份，不得参与利润分配；以回购股份对经营者及其他职工实施股权激励的，在拟订利润分配方案时，应当预留回购股份所需利润。股份有限公司原则上应从累计盈利中分派股利，无盈利不得支付股利，即遵循所谓的无利不分原则。但若公司用盈余公积金（盈余公积金包括法定盈余公积金和任意盈余公积金）弥补亏损后，为维护其股票信誉，经股东大会特别决议，也可以按照不超过股票面值6%的比率用盈余公积金支付股利，不过这样支付股利后留存的法定盈余公积金不得低于注册资本的25%。

需要说明的是，上述利润分配是指税后净利润的分配内容，有时利润分配也指对税前利润即利润总额的分配，那么此时利润分配还包括法定期限内税前补亏和缴纳所得税两项内容。税前补亏是指我国税法规定企业发生亏损时可用以后连续五年内实现的税前利润弥补。如果企业发生的亏损经过五年仍未弥补足额的，未弥补亏损应用所得税后的净利润弥补即税后补亏。

2. 利润分配的顺序

企业向股东（投资者）分派股利（分配利润），应按照一定的顺序进行。企业年度净利润，除法律、行政法规另有规定外，按照下列顺序进行分配：

（1）弥补以前年度亏损并计算可供分配的利润

企业发生的年度亏损在五年内税前补亏后仍未弥补够的亏损，只能用缴纳所得税后的净利润弥补，这种税后补亏是按照账面数字进行的。补亏后，将本年度净利润（亏损）与年初未分配利润（或亏损）合并，计算出可供分配的利润。除法律、行政法规另有规定外，如果可供分配利润为正数，则进行后续分配；如果可供分配的利润为负数（亏损），则不能进行后续分配。

（2）提取法定盈余公积金

按抵减年初累计亏损后的本年净利润计提法定盈余公积金，其计提基数不是可供分配的利润，也不一定是本年度的税后净利润，只有不存在年初累计亏损时，才能按照本年度税后净利润计提。在没有累计盈余的情况下，不能提取盈余公积金。

（3）提取任意盈余公积金

《中华人民共和国公司法》规定，公司从税后利润中提取法定盈余公积金后，经股东会决议，可以提取任意盈余公积金。任意盈余公积金的提取与否及提取比例由股东会根据公司发展的需要和盈余情况决定，法律不做强制规定。

（4）向股东（投资者）分配利润（支付股利）

公司股东会、股东大会或者董事会违反规定，在公司弥补亏损和提取法定盈余公积金之前向股东分配利润的，股东必须将违反规定分配的利润退还公司。

（三）股利政策

股利政策是指在法律允许的范围内，企业是否发放股利、发放多少股利以及何时发放股利的方针及对策。支付给股东的股利与留在企业的保留盈余，存在此消彼长的关系。股利分配既决定给股东分配多少红利，也决定有多少净利留在企业。减少股利分配，就会增加保留盈余，减少外部筹资需求。因此，从某种角度来说，股利政策是企业融资决策不可分割的一部分。

1. 影响股利（利润）分配政策的主要因素

股利分配是企业财务管理的一个重要部分，应考虑其对公司价值的影响。关于股利分配是否对公司市场价值（或股票价格）有影响存在不同的观点，这些观点主要有两大类，即股利无关论和股利相关论。由于在现实生活中不存在股利无关论提出的假定前提，公司的股利分配不可避免地受到种种制约因素的影响，因此，我们一般持股利相关论，认为公司的股利分配影响公司市场价值（或股票价格）、筹资能力及企业的未来发展。在确定企业的股利（利润）分配政策时，应当综合考虑相关因素的影响。

（1）法律约束

为了保护债权人和股东的利益，有关法律、法规经常会做如下限制：

①资本保全约束。资本保全约束，即防止资本侵蚀的规定，规定公司不能用资本（股本和资本公积）发放股利。

②公司积累约束。公司积累约束，也称为留存盈余的规定，规定公司必须按照一定的比例提取法定盈余公积金。另外，一般应当贯彻无利不分原则，即公司年度累计利润必须为正数时才可发放股利，以前年度亏损必须足额弥补。

③超额累计利润约束。由于股东接受股利收入的所有税税率高于其进行股票交易的资本利得税率，公司通过保留利润来提高其股票价格，可使股东避税，因此，许多国家法律禁止公司过度保留盈余，否则将加征额外税款。我国法律目前尚未对此做出规定。

④无力偿付债务的约束。无力偿付债务的约束，即规定如果公司已经无力偿付到期债务或因支付股利将使其失去偿还能力，则公司不能支付股利；否则，属于违法行为。

（2）公司财务约束

从公司的经营需要来讲，影响股利分配的因素有以下五个：

①盈余稳定性约束

公司是否能获得长期稳定的盈余，是其股利决策的重要基础。盈余相对稳定的公司能够较好地把握自己，有可能支付比盈余不稳定的公司较高的股利。公用事业公司是具有相对稳定的盈余模式和较高股利支付率的典型公司。

而盈余不稳定的公司一般采取低股利政策。低股利政策可以降低因盈余下降而造成的股利无法支付、股价急剧下降的风险，还可将更多的盈余转作再投资，以提高公司权益资本比重，降低财务风险。

②现金流量约束

公司资金的灵活周转是公司生产经营得以正常进行的必要条件。按照会计规则核算出的净利润并不一定等于现金流量，而利润分配尤其是现金股利分配会对公司现金流量产生重大的影响，因此，股利分配还不能不充分考虑公司的现金流量。另外，具有较高债务偿还需要的公司，将产生较大的现金流出量，可能更多地考虑直接用经营积累偿还债务，以减少股利的支付。

③筹资能力约束

由于支付给股东的股利与留在企业的保留盈余存在此消彼长的关系，具有较强筹资能力（与公司资产的流动性相关）的公司由于能够及时地筹措到所需的现金，有可能采取较宽松的股利政策；而举债能力弱的公司不得不多滞留盈余，因而往往采取较紧的股利政策。如规模较大、业务兴旺、获利丰厚的大公司较容易筹集到所需的资金，更可能采取较宽松的股利政策。而规模小、风险高的新创办的公司，往往要限制其股利的支付，而较多地保留盈余，因为这或许是其唯一的筹资方式。

④投资机会约束

投资需要有强大的资金支持，股利政策往往受投资机会的影响。如果某公司投资机会较多，则往往采用低股利、高保留盈余的股利政策；反之，如果投资机会较少，则其极可能采用高股利政策。因此，处于成长期的公司多采用低股利政策，而处于衰退期、经营正在缩减的公司多采用高股利政策。

⑤筹资成本约束

与发行新股或举债相比，保留盈余不需要花费筹资费用，资本成本低，是一种比较经济的筹资渠道。所以，很多企业在确定股利政策时，往往优先考虑保留更多的净利润作为内部筹资，特别是在负债比率较高、资本结构欠佳时期。

（3）股东因素

股东从自身经济利益需要出发，对公司的股利分配往往产生以下一些影响：

①避税和稳定的收入

股东对税负的考虑会影响股利政策。由于股利收入的税率一般要高于资本利得的税率，因此，某些股东会偏好多留存少派发的股利政策，从而获得更多纳税上的好处。另外，某些股东依靠股利维持生活，他们往往要求公司支付稳定的股利，反对保留较多盈余的股利政策。

②控制权要求

股利政策受到现有股东对控制权要求的影响。如果公司支付较高的股利，就会导致留存盈余减少，这意味着将来发行新股的可能性加大，而发行新股必然稀释公司的控制权，这是公司现有的持有控制权的股东们不愿看到的局面。因此，若他们拿不出更多的资金购买新股以满足公司的需要，宁肯不分配股利，从而反对募集新股。

③外部投资机会

股东的外部投资机会将影响公司的股利政策。资金往往会流向更高回报的去处，如果公司将留存收益用于再投资的回报率低于股东个人将股利收入投资于公司外部的投资机会的回报率，毫无疑问，较高的股利支付水平将更有利于股东。

（4）其他约束

①债务合同约束。按照惯例，债务合同特别是长期债务合同，一般会对公司支付现金股利做出一定的限制，以保障债权人的权益。债务合同的限制性条款一般包括以下内容：未来股利只能由贷款协定签订后产生的盈利来支付，而不可用以前的公司留存盈余支付；营运资金净额低于某一特定数额时，不得支付股利；将利润的一部分以偿债基金的形式留存下来；利息保障倍数不能低于一定水平，否则，不得发放股利。

②通货膨胀。在通货膨胀的情况下，公司货币购买力水平下降，生产经营对资金的需要随之增加。这时公司往往不得不保留较多的盈余，用以弥补货币购买力下降造成的资金不足，因此，在通货膨胀时期，公司股利政策往往偏紧。

③国家经济环境和公司股票价格走势等。

2. 股利政策的主要类型

股利政策受到各种因素的影响，每个公司应根据自身的具体情况综合考虑各种因素的影响，制定适合本公司的股利分配政策。在实务中，公司经常采用的股利政策主要有剩余股利政策、固定或稳定增长股利政策、固定股利支付率政策和低正常股利加额外股利政策四种类型。这些股利政策各有所长，公司应借鉴各种政策的基本思想，综合权衡，制定适合自己具体实际情况的股利政策。

（1）剩余股利政策

剩余股利政策是指在公司有良好的投资机会时，根据一定的目标资本结构(最佳资本结构)，测算出投资所需的权益资本，先从盈余当中留用，然后将剩余的盈余作为股利予以分配的一种股利政策。

当采用剩余股利政策时，应遵循四个步骤：第一，设定目标资本结构，即确定权益资本与债务资本之间的比率，在此结构下，加权平均资本成本将达到最低水平；第二，确定目标资本结构下投资所需的股东权益资本数额；第三，最大限度地使用保留盈余来满足投资方案所需的权益资本数额；第四，投资方案所需权益资本已经满足后，若有剩余盈余，再将其作为股利发放给股东。

（2）固定或稳定增长股利政策

固定或稳定增长股利政策是指将每年发放的股利固定在一定的水平上并在较长时期内不变（表现为连续多年每股股利是固定的），只有当公司认为未来盈余将会显著地、不可逆转地增长时，才提高年度的股利发放额的股利政策。

（3）固定股利支付率政策

固定股利支付率政策也称为变动股利政策，是指公司确定一个股利占盈余的比率，长期按此比率支付股利的股利政策。在这一股利政策下，各年的股利额随公司经营的好坏而上下波动：获得较多盈余的年份，股利额高；获得较少盈余的年份，股利额低。

（4）低止常股利加额外股利政策

低正常股利加额外股利政策是指公司事先设定一个较低的正常股利额，每年除了按正常股利额向股东发放现金股利外，还在公司盈利情况较好、资金较为充裕的年度向股东发放高于每年正常股利的额外股利，但额外股利并不固定化，不意味着公司永久地提高了规定的股利率的股利政策。

可以看出，低正常股利加额外股利政策是对固定股利政策的一种改进，它既吸收了固定股利政策对股东投资收益保障的优点，又摒弃了固定股利政策对公司造成财务压力的不足，在资本市场上颇受投资者和公司的欢迎。相对来说，低正常股利加额外股利政策比较适合那些盈利水平随着经济周期波动而波动的公司或行业。

（四）股利的支付方式和程序

1. 股利的支付方式

（1）发放现金股利

现金股利是指公司发放股利时以现金形式支付给股东的股利，它是大多数公司股利支付的主要方式。通常情况下，若未做特别说明，所谓股利就是指现金股利。发放现金股利将同时减少公司资产负债表上的留存利润和现金，所以，公司选择支付现金股利时，除了要有足够的留存收益外，还要有足够的现金。现金是否足够往往成为公司发放现金股利的主要制约因素。

（2）发放财产股利

财产股利是指公司以现金以外的资产支付的股利，通常是以公司持有的各种有效证券，如债券、股票、商业票据等作为股利发放给股东，也有以产品等实物形式支付的。

（3）发放负债股利

负债股利是指公司以负债的形式支付的股利，通常以公司的应付票据支付给股东，有时也发行公司债券抵付股利。

财产股利和负债股利实际上是现金股利的替代，这两种形式目前在我国实务中较少使用，但并非为法律所禁止。

（4）发放股票股利

股票股利是公司以增发股票的方式作为支付方式的一种股利，我国实务中通常也称其为红股。发放股票股利对于公司来说，并没有现金流出企业，既不影响公司的资产和负债，也不影响公司的股东权益总额。另外，发放股票股利是按原股份比例分配给股东新股，因此，发放股票股利不会使股东持股比例发生变化，每位股东所持股票的市场价值总额也保持不变。但是，发放股票股利使得股东权益内部构成发生变化，减少了留存收益、增加了股本。发放股票股利还会增加流通在外的股票数量，同时降低股票的每股价值。

发放股票股利必须具备以下两个条件：一是必须有可供分配的收益，无可供分配的收益而向股东分派新股，实际上是一种欺诈行为，在法律上是被禁止的；二是必须经股东大会做出决议，并报有关部门批准。因为发放股票股利实际上是一种增资行为，而股份制公司增资必须按《中华人民共和国公司法》规定报经批准，并修改公司章程。

有些公司在股利分配时采用转增和配股的方式，这不是真正意义上的发放股票股利。公司将大量的资本公积转增资本，按股东原持有的股份同比例增发股票，其实质是一种特殊形式的股票分割；公司向原股东配售新股，并不减少公司的留存收益，相反，吸收了原股东追加投资。

2. 股利的支付程序

股份有限公司向股东支付股利，前后要经历一个过程，股利的支付程序是指股利支付的日期界限，这些日期界限主要包括股利宣告日、股权登记日、除息日和股利发放日。

（1）股利宣告日

股利宣告日即公司董事会按股利发放分周期举行董事会会议，决定股利分配的预计分配方案，交由股东大会讨论通过后，由董事会将股利支付情况正式予以公告的日期。股利宣告日将宣布每股股利、股权登记日、除息日和股利支付日等事项。我国的股份公司通常一年派发一次股利，也有在年中派发中期股利的。

（2）股权登记日

股权登记日是指有权领取本次股利的股东资格登记截止日期。公司规定股权登记日是为了确定股东能否领取股利的日期界限。只有在股权登记日登记在册的股东才有资格领取股利，而在这一天之后登记在册的股东，即使是在股利发放日之前购买股票，也无权领取本次分配的股利。证券交易所的中央结算系统于登记日当天交易结束时，可及时地打印出持有公司股票的股东名册，作为企业以后向股东支付股利的依据。

（3）除息日

除息日是指领取股利的权利与股票相互分离的日期。在除息日前，股利权从属于股票，持有股票者即享有领取股利的权利；除息日开始，股利权与股票相分离，新购股票者不能分享股利。这是因为股票买卖的交接、过户需要一定时间，如果股票交易日期离股权登记日太近，公司将无法在股权登记日得知更换股东的信息，只能以原股东为股利支付对象。为了避免可能发生的冲突，证券业一般规定在股权登记日的前四天为除息日。自此日起，公司股票的交易称为无息交易，其股票称为无息股。

除息日对股票的价格有明显的影响，在除息日之前的股票价格中包含了本次股利，在除息日之后的股票价格中不再包含本次股利，所以股价会下降。但是，先进的计算机交易系统为股票的交割过户提供了快捷的手段，在实行“T+0”交易制度下，股票买卖交易的当天即可办理完交割过户手续。在这种交易制度下，股权登记日的次日（指工作日）即可确定为除息日。

（4）股利发放日

股利发放日也称为股利支付日、付息日，是指企业将股利正式发放给股东的日期。在这一天，企业应将股利通过邮寄等方式支付给股东，上市公司根据股权登记日的股东名册，借助证券交易所的中央结算系统直接将股利划入股东资金账户，即完成股利支付的全部程序。

第六章　财务会计报表编制

第一节　资产负债表与所有者权益变动表

一、财务报表的概述

（一）财务报表的意义

在企业日常的会计核算中，企业所发生的各项经济业务都已按照一定的会计程序，在有关的账簿中进行记录和计算。企业在一定日期的财务状况和一定时期内的经营成果，在日常会计记录里已经得到反映。但是这些日常核算资料数量太多，而且比较分散，不能集中、概括地反映企业的财务状况与经营成果。企业的投资者、债权人和财政、税务等部门以及其他与企业有利害关系的单位和个人不能直接使用这些分散的会计记录来分析评价企业的财务状况和经营成果，据以做出正确的决策。为此，就有必要定期地将日常会计核算资料加以分类调整、汇总，按照一定的形式编制财务报表，总括、综合地反映企业的经济活动过程和结果，为有关方面进行管理和决策提供所需的会计信息。

财务报表是提供会计信息的一种重要手段。企业财务报表也称会计报表，是指企业对外提供的、以日常会计核算资料为主要依据，反映企业某一特定日期财务状况和某一会计期间经营成果、现金流量的文件。企业编制财务报表，对于改善企业外部有关方面的经济决策环境和加强企业内部经营管理具有重要作用。具体来说，财务报表的作用主要表现在以下三个方面：

一是企业的投资者（包括潜在的投资者）和债权人（包括潜在的债权人），为了进行正确的投资决策和信贷决策，需要利用财务报表了解有关企业财务状况、经营成果及现金流量情况的会计信息。

二是企业管理者为了考核和分析财务成本计划或预算的完成情况，总结经济工作的成绩和存在的问题，评价经济效益，需要利用财务报表掌握本企业有关财务状况、经营成果和现金流量情况的会计信息。

三是国家有关部门为了加强宏观经济管理，需要各单位提供财务报表资料，以便通过汇总分析，了解和掌握各部门、各地区经济计划（预算）完成情况、各种财经法律制度的执行情况，并针对存在的问题，及时运用经济杠杆和其他手段调控经济活动、优化资源配置。

（二）财务报表的构成

财务报表分为年度、半年度、季度和月度财务报表。月度、季度财务报表是指月度和季度终了提供的财务报表；半年度财务报表是指在每个会计年度的前六个月结束后对外提供的财务报表；年度财务报表是指年度终了对外提供的财务报表。半年度、季度和月度财务报表统称为中期财务报表。

企业的财务报表至少应当包括资产负债表、利润表、现金流量表、所有者权益（股东权益）变动表和附注。

（三）财务报表的编制要求

为了充分发挥财务报表的作用，必须保证财务报表的质量。为此，编制财务报表应符合以下基本要求：

企业编制财务报表，应当以真实的交易、事项以及完整、准确的账簿记录等资料为依据，并遵循国家统一的会计制度规定的编制基础、编制依据、编制原则和方法。

企业在编制年度财务报表前，应当全面清查资产、核实债务，通过清查、核实，查明财产物资的实存数量与账面数量是否一致，各项结算款项的拖欠情况及其原因、材料物资的实际储备情况、各项投资是否达到预期的目的、固定资产的使用情况及其完好程度等。

企业在编制财务报表前，除应当全面清查资产、核实债务外，还应核对各会计账簿记录与会计凭证的内容、金额等是否一致，记账方向是否相符。

企业在编制财务报表前应按期结账，不得为赶编报表而提前结账。在结账之前，必须将本期发生的全部经济业务和转账业务都登记入账，在此基础上结清各个科目的本期发生额和期末余额。

企业应当按照国家统一的会计制度规定的报表格式和内容，根据登记完整、核对无误的会计账簿记录和其他有关资料编制财务报表，做到内容完整、数据真实、计算准确，不得漏报或者任意取舍。

财务报表之间、财务报表各项目之间凡有对应关系的数字，应当相互一致；财务报表中本期与上期的有关数字应当相互衔接。

二、资产负债表

（一）资产负债表的性质和作用

资产负债表是总括反映企业在一定日期的全部资产、负债和所有者权益的报表。由于该表反映了一个企业在特定日期的财务状况，因而又称为财务状况表。

资产负债表是根据“资产=负债+所有者权益”这一会计基本等式编制的。它所提供的是企业一定日期的财务状况，主要包括以下内容：

一是企业所拥有的各种经济资源（资产）。

二是企业所负担的债务（负债），以及企业的偿债能力（包括短期与长期的偿债能力）。

三是企业所有者在企业里所持有的权益（所有者权益）。

（二）资产负债表项目的分类与排列

为了帮助报表使用者分析、解释和评价资产负债表所提供的信息，需要对资产负债表上的项目，按照它们的共同特征进行适当的分类与排列。一般来说，在资产负债表上，资产按其流动性程度的高低顺序排列，即先流动资产，后非流动资产，非流动资产再划分为若干个大类；负债按其到期日由近至远的顺序排列，即先流动负债，后非流动负债；所有者权益则按其永久性递减的顺序排列，即先实收资本，再其他权益工具、资本公积、其他综合收益、盈余公积，最后是未分配利润。

（三）资产负债表的格式

资产负债表有两种基本格式，即账户式与垂直式（报告式）。

账户式资产负债表分左、右两方，左方列示资产项目，右方列示负债与所有者权益项目，左右两方的合计数保持平衡。这种格式的资产负债表在我国应用最广。

垂直式资产负债表将资产、负债、所有者权益项目采用垂直分列的形式反映。其具体排列形式又有以下三种：

第一，按照“资产=负债+所有者权益”的等式，上边的资产总计与垂直排列在下边的负债及所有者权益总计保持平衡。

第二，按照“资产-负债=所有者权益”的等式，上边的资产总额与负债总额之差，与垂直排列在下边的所有者权益总额保持平衡。

第三，按照“流动资产-流动负债=营运资金”“营运资金+非流动资产-非流动负债=所有者权益”的等式，先用流动资产合计减去垂直排列在下边的流动负债合计，求得营运资金，然后在营运资金下边加上非流动资产合计，减去非流动负债合计，所得结果与垂直排列在下边的所有者权益总额保持平衡。

（四）资产负债表项目的计价

现行会计准则对资产负债表项目的计价采用的是一种混合模式，它综合运用了历史成本、可变现净值、现值、公允价值、摊余成本等计量属性。下面对部分资产负债表项目的计价进行简要的总结。

1. 按历史成本计量的项目

“存货”项目在存货没有发生减值的情况下，在资产负债表上是按其历史成本计价的。

“投资性房地产”项目在采用成本模式计量且没有发生减值的情况下，在资产负债表上是按其历史成本计价的。

固定资产如果没有发生减值，则在资产负债表上按折余价值反映。无形资产如果没有发生减值，则在资产负债表上按摊余价值反映。折余价值和摊余价值在本质上是历史成本，或者说是调整后的历史成本。

2. 按可变现净值计量的项目

按照现行会计准则规定，期末要对存货项目进行减值测试。对各存货项目进行减值测试时，依据的标准是可变现净值，当存货的可变现净值低于其账面金额时，需要计提存货跌价准备，将存货的账面金额减记至可变现净值。这就意味着，计提了存货跌价准备的“存货”项目在资产负债表上是按可变现净值计价的。

3. 按公允价值计量的项目

按照现行会计准则的规定，“以公允价值计量且其变动计入当期损益的金融资产”“可供出售金融资产”等项目期末应当按公允价值计量。对于“投资性房地产”项目的计量，既可以采用成本模式，也可以采用公允价值模式。如果企业对投资性房地产的计量采用公允价值模式，则该项目在资产负债表上也是按公允价值计量的。

4. 按现值计量的项目

“应付债券”等非流动负债项目要按照未来现金流量的折现值（现值）计价。只不过此时计算现值所用的折现率是最初承担负债时所确定的实际利率，而不是期末的市场利率。

“持有至到期投资”项目在没有发生减值的情况下，其计价与“应付债券”项目类似，也是按现值计价，计算现值所用的折现率是取得投资时的实际利率，而不是期末的市场利率。

“固定资产”和“无形资产”等非流动资产项目，在计提折旧和摊销之后，还要进行减值测试。对固定资产和无形资产进行减值测试时所采用的标准是可收回金额，而可收回金额是公允价值减去处置费用后的净额与未来现金流量的现值两者之中的较高者。这就意味着，对于已经计提了减值准备的固定资产和无形资产来说，最终在资产负债表上是按公允价值减去处置费用后的净额或者是按照现值计价的。

5. 按摊余成本计量的项目

应收款项、长期债权投资等金融资产需要按摊余成本计量。这些金融资产在计提了减值准备的情况下，其摊余成本是扣减了减值准备后的余额。

对资产负债表项目采用混合计量模式，是否能够很好地满足会计信息的质量要求，仍然值得研究。

（五）资产负债表的编制方法

由于企业的每一项资产、负债和所有者权益余额都是以各有关科目的余额来表示的，因此，作为总括反映企业资产、负债和所有者权益的资产负债表项目，原则上都可以直接根据有关总账科目的期末余额填列。但是，为了如实地反映企业的财务状况，更好地满足报表使用者的需要，资产负债表的某些项目需要根据总账科目和明细科目的记录分析、计算后填列。总之，资产负债表项目的填列方法，在很大程度上取决于企业日常会计核算所设置的总账科目的明细程度。

资产负债表各项目的填列方法大体上可归为以下四种情况：

1. 直接根据总账科目余额填列

例如“固定资产清理”“短期借款”“应付票据”“应付职工薪酬”“应交税费”“应付利息”“应付股利”“其他应付款”“实收资本”“其他权益工具”“资本公积”“其他综合收益”“盈余公积”等项目，应根据各相关总账科目余额直接填列。

2. 根据若干个总账科目余额计算填列

例如“货币资金”项目，应根据“库存现金”“银行存款”“其他货币资金”科目余额之和计算填列；“以公允价值计量且其变动计入当期损益的金融资产”项目，应根据“交易性金融资产”科目余额计算填列；“存货”项目，应根据“材料采购”（或“在途物资”“商品采购”）、“原材料”（或“库存商品”）、“委托加工物资”“包装物”“低值易耗品”“材料成本差异”（或“商品进销差价”）、“生产成本”“自制半成品”“产成品”等科目借贷方余额的差额计算填列；“未分配利润”项目，应根据“本年利润”和“利润分配”科目余额计算填列。

3. 根据若干个明细科目余额计算填列

例如“应收账款”项目，应根据“应收账款”“预收账款”总账科目所属明细科目的借方余额之和减去相应的“坏账准备”所属明细科目的贷方余额计算填列；“预收账款”项目，应根据“应收账款”“预收账款”总账科目所属明细科目的贷方余额之和计算填列；“应付账款”项目，应根据“应付账款”“预付账款”总账科目所属明细科目的贷方余额之和计算填列；“预付账款”项目，应根据“应付账款”“预付账款”总账科目所属明细科目的借方余额之和计算填列。

4. 根据总账科目或明细科目余额分析填列

例如“一年内到期的非流动资产”项目，应根据“长期债权投资”“长期应收款”科目所属明细科目余额中将于一年内到期的数额之和计算填列；“持有至到期投资”“长期应收款”项目应分别根据“长期债权投资”“长期应收款”总账科目余额扣除一年内到期的数额填列；“一年内到期的非流动负债”项目，应根据“长期借款”“应付债券”“长期应付款”等总账科目所属明细科目余额中将于一年内到期的数额之和计算填列；“长期借款”“应付债券”“长期应付款”等项目，应分别根据“长期借款”“应付债券”“长期应付款”等总账科目余额扣除一年内到期的数额填列。

第二节　利润表、综合收益表与现金流量表

一、利润表与综合收益表

（一）利润表的性质和作用

利润表是用来反映企业在某一会计期间的经营成果的一种财务报表。在利润表上，要反映企业在一个会计期间的所有收入（广义）与所有费用（广义），并求出报告期的利润额。利用利润表，可以评价一个企业的经营成果和投资效率，分析企业的盈利能力以及预测未来一定时期内的盈利趋势。

编制利润表，要重点解决以下两方面的问题：

1. 正确确定当期收入与费用

利润是当期收入与当期费用的差额。因此，要正确计算利润，就必须首先确定当期的收入与当期的费用。对于营业收入来说，一般情况下，只有当企业的商品已经销售，或劳务已经提供，才能确认为本期的营业收入并编入利润表。在某些特殊情况下，也可以在生产过程中，或在产品完工时确认营业收入。

2. 力求保持投入资本的完整

一个企业只有在保持投入资本完整无缺的情况下才可能获得真正的利润。例如在通货膨胀时期，货币贬值，以货币计量的投入资本其期末账面余额可能大于期初余额，但若按物价指数换算，却可能小于期初余额，因而可能出现虚盈实亏的现象。因此，在通货膨胀严重的情况下，有必要按物价指数进行调整。

（二）利润表的格式

利润表的表首，应标明企业和该表的名称。表的名称下面标明编制的期间。由于利润表反映企业某一期间的经营成果，因而其时间只能标明为“某年某月”，或“某年度”，或“某年某月某日至某年某月某日”，或“某年某月某日结束的会计年度”。

为了提供与报表使用者的经营决策相关的信息，收入和费用在利润表中有不同的列示方法，因而利润表的本体部分可以有多步式和单步式两种格式。

1. 多步式利润表

多步式利润表是常用的格式，它将企业日常经营活动过程中发生的收入和费用项目与在该过程外发生的收入与费用分开。划分这一界限的标准，主要是看一个项目是否关系到评价企业未来产生现金和现金等价物的能力，或者说，依据一个项目的预测价值。那些经常重复发生的收入与费用项目，是预测企业未来盈利能力的基础；那些偶然发生的收入与费用项目，则不能作为预测的依据。例如企业变卖固定资产就属于偶然事项，不可能经常重复发生。将这类偶然事项产生的损益分列出来，显然有助于提高利润表信息的预测价值。

适当划分企业的收入和费用项目，并以不同的方式在利润表上将收入与费用项目组合起来，还可以提供各种有关企业经营成果的指标。

在多步式利润表上，净利润是分若干个步骤计算出来的，一般可以分为以下三步：

第一步，计算营业利润。

营业利润=营业收入−营业成本−税金及附加−销售费用−管理费用−财务费用−资产减值损失+公允价值变动收益+投资收益+资产处置收益+其他收益　（6−1）

第二步，计算利润总额。

利润总额=营业利润+营业外收入-营业外支出 (6-2)

第三步，计算净利润。

净利润=利润总额-所得税费用 (6-3)

例如表 6-1 为某公司的多步式利润表。

表 6-1 利润表（多步式）

编制单位：××公司　　20×4 年度　　单位：元

项目	本年金额	上年金额
一、营业收入	1 500 000	1 200 000
减：营业成本	900 000	750 000
税金及附加	21 250	18 000
销售费用	28 000	25 000
管理费用	224 700	191 000
财务费用	56 500	50 000
资产减值损失	38 170	25 000
加：公允价值变动收益	2000	1000
投资收益	40 000	50 000
资产处置收益	-40 000	—
其他收益	—	—
二、营业利润	233380	192000
加：营业外收入	—	30000
减：营业外支出	30000	65000
三、利润总额	203380	157000
减：所得税费用	59600	48000
四、净利润	143780	109000
（一）持续经营净利润	143780	109000
（二）终止经营净利润	—	—
五、每股收益		
（一）基本每股收益	0. 1438	0. 1090
（二）稀释每股收益	0. 1438	0. 1090

股票公开上市的公司还要在净利润下列示普通股每股收益的数据，以便报表使用者评价企业的获利能力。

采用多步式利润表便于同类型企业之间的比较，也便于前后各期利润表上相应项目之间的比较，更有利于预测企业今后的盈利能力。

2. 单步式利润表

在单步式利润表上，只须将本期所有收入（广义）加在一起，然后再将所有费用（广义）加在一起，两者相减，通过一次计算得出本期净利润。

现以××公司 20×4 年度的利润表为例说明这种单步式利润表的格式，详见表 6-2。

表 6-2 利润表（单步式）

编制单位：××公司 20×4 年度 单位：元

项目	本年实际	上年实际
一、收入		
营业收入	1 500 000	1 200 000
公允价值变动收益	2000	1000
投资收益	40 000	50 000
资产处置收益	-40 000	
其他收益	—	
营业外收入		30 000
收入合计	1 502 000	1 281 000
二、费用		
营业成本	900 000	750 000

续表

项目	本年实际	上年实际
税金及附加	21 250	18 000
销售费用	28 000	25 000
管理费用	224 700	191 000
财务费用	56 500	50 000
资产减值损失	38 170	25 000
营业外支出	30 000	65 000
所得税费用	59 600	48 000
费用合计	1 358 220	1 172 000
三、净利润	143 780	109 000

单步式利润表的优点是表式简单、易于理解，避免项目分类上的困难。

多步式年度利润表上“本年实际”栏的“营业收入”“营业成本”“税金及附加”“销售费用”“管理费用”“财务费用”“资产减值损失”“公允价值变动收益”“投资收益”“资产处置收益”“其他收益”“营业外收入”“营业外支出”“所得税费用”等项目，在采用表结法进行本年利润核算的情况下，应根据年末各相关科目结转“本年利润”科目的数额填列；在采用账结法进行本年利润核算的情况下，应根据各相关科目各月末结转“本年利润”科目数额的累计数计算填列，其中，如为投资净损失，“投资收益”项目以负数填列。“本年实际”栏的“营业利润”“利润总额”“净利润”项目，应根据各相关项目计算填列。

单步式年度利润表上，“收入合计”“费用合计”“净利润”项目根据各相关项目计算填列。其他项目的填列同多步式利润表。

年度利润表上“上年实际”栏的各项目，应根据上年利润表的相关项目填列。

如果编制月份利润表，则应将“本年实际”与“上年实际”栏分别改为“本月数”与“本年累计数”栏。

（三）综合收益表

1. 综合收益的性质

综合收益是企业在一定时期内除所有者投资和对所有者分配等与所有者之间的资本业务之外的交易或其他事项所形成的所有者权益的变化额。综合收益包括净利润和其他综合收益。净利润是综合收益的主要组成部分。其他综合收益是除净利润之外的所有综合收益，包括以公允价值计量且其变动计入其他综合收益的金融资产的公允价值变动、按照权益法核算的在被投资单位其他综合收益中所享有的份额等。

2. 综合收益的列报

综合收益的列报可以有不同的方式。

（1）编制独立的综合收益表

该表的第一部分列示净利润，第二部分列示其他综合收益的具体构成项目及其调整内容。综合收益表的基本格式见表 6-3。

表 6-3　综合收益表

编制单位：××公司　20×4 年度　单位：元

项目	本年金额	上年金额
一、净利润	143 780	109 000
二、其他综合收益的税后净额	7500	4500
（一）以后不能重分类进损益的其他综合收益	7500	4500
1. 重新计量设定受益计划净负债或净资产的变动		
2. 权益法下在被投资单位不能重分类进损益的其他综合收益中享有的份额		
3. 其他权益工具投资公允价值变动损益	7500	4500
（二）以后将重分类进损益的其他综合收益		
1. 权益法下在被投资单位以后将重分类进损益的其他综合收益中享有的份额		
2. 其他债权投资公允价值变动损益		
3. 长期债权投资重分类为其他债权投资损益		

续表

项目	本年金额	上年金额
4. 现金流量套期损益的有效部分		
5. 外币财务报表折算差额		
6. 其他		
三、综合收益总额	151 280	113 500

（2）将其他综合收益的数据与利润表数据列示于同一张报表

该表的上半部分列示传统的利润表数据，下半部分则列示其他综合收益数据。如表6-4所示。我国现行会计准则要求采用这种列报方式，并且将其称为“利润表”。

表6-4　综合收益表

编制单位：××公司　20×4年度　单位：元

项目	本年金额	上年金额
一、营业收入	1 500 000	1 200 000
减：营业成本	900 000	750 000
税金及附加	21 250	18 000
销售费用	28 000	25 000
管理费用	224 700	191 000
财务费用	56 500	50 000
资产减值损失	38 170	25 000
加：公允价值变动收益	2000	1000
投资收益	40 000	50. 000
资产处置收益	-40 000	—
其他收益	—	—
二、营业利润	233 380	192 000
加：营业外收入	——	30 000
减：营业外支出	30 000	65 000
三、利润总额	203 380	157 000
减：所得税费用	59 600	48 000
四、净利润	143 780	109 000

续表

项目	本年金额	上年金额
（一）持续经营经利润	143 700	109 000
（二）终止经营净利润	——	—
五、其他综合收益的税后净额	7500	4500
（一）以后不能重分类进损益的其他综合收益	7500	4500
1. 重新计量设定受益计划净负债或净资产的变动		
2. 权益法下在被投资单位不能重分类进损益的其他综合收益中享有的份额		
3. 其他权益工具投资公允价值变动损益	7500	4500
（二）以后将重分类进损益的其他综合收益		
1. 权益法下在被投资单位以后将重分类进损益的其他综合收益中享有的份额		
2. 其他债权投资公允价值变动损益		
3. 长期债权投资重分类为其他债权投资损益		
4. 现金流量套期损益的有效部分		
5. 外币财务报表折算差额		
6. 其他		
六、综合收益总额	151 280	113 500
七、每股收益		
（一）基本每股收益	0. 1438	0. 1090
（二）稀释每股收益	0. 1438	0. 1090

二、现金流量表

（一）现金流量表的性质和作用

企业的财务目标主要有两个：一是获取利润；二是维持偿债能力。获取利润是指通过企业的经营活动增加企业所有者的权益，也就是使企业所有者获得最满意的投资报酬率；维持偿债能力是指保证企业在债务到期时，具有支付到期债务的能力。企业的报表使用者需要了解企业的获利能力与偿债能力，还需要了解导致企业偿债能力发生变动的原因；企业盈利与偿债能力有何联系，经营活动对企业的现金流量有何影响；企业在本会计期间内发生了哪些理财活动（筹资活动与投资活动），它们对企业的现金流量有何影响。

利润表能够反映企业本期经营活动的成果，可用于衡量企业在获取利润方面是否获得成功，但它不能说明企业从经营活动中获得了多少可供周转使用的现金；它能够说明本期筹资活动和投资活动的损益，但不能说明筹资活动与投资活动提供或运用了多少现金。至于那些不涉及损益问题的重要理财业务，利润表根本不予反映。

资产负债表反映某一特定日期的财务状况，说明某一特定日期资产和权益变动的结果，可以显示企业是否具有偿债能力，但它不能反映财务状况的变动。虽然通过两个或几个特定日期的资产负债表的比较能够在一定程度上反映企业财务状况的变动，但不能说明变动的原因。

可见，利润表和资产负债表虽然具有重要的作用，能够为报表使用者提供有用的会计信息，但它们还不能完全满足报表使用者的需要。现金流量表可以弥补这两种会计报表的不足。

现金流量表是用来提供企业有关现金流入、现金流出及投资与筹资活动方面信息的财务报表。报表使用者利用这些信息，可以评估企业以下四个方面的事项：

一是企业在未来会计期间产生净现金流量的能力。

二是企业偿还债务及支付企业所有者的投资报酬（如股利）的能力。

三是企业的利润与经营活动所产生的净现金流量产生差异的原因。

四是会计年度内影响或不影响现金的投资活动与筹资活动。

（二）现金流量表的编制基础

现金流量表是以现金为基础编制的，编制现金流量表首先应明确现金的含义。现金流量表所指的现金是广义的现金概念，它包括库存现金、可以随时用于支付的存款以及现金等价物。

（三）现金流量的分类

编制现金流量表的目的，是为会计信息使用者提供企业一定会计期间内有关现金流入和流出的信息。企业在一定时期内的现金流入和流出是由企业的各种业务活动产生的，如购买商品支付价款，销售商品收到现金，支付职工工资等。首先要对企业的业务活动进行合理的分类，据此对现金流量进行适当分类。企业的业务活动按其性质可分为经营活动、投资活动与筹资活动，为了在现金流量表中反映企业在一定时期内现金净流量变动的原因，相应地将企业一定期间内产生的现金流量分为以下三类：

1. 经营活动产生的现金流量

经营活动是指企业发生的投资活动和筹资活动以外的所有交易和事项，包括销售商品或提供劳务、经营性租赁、购买货物、接受劳务、制造产品、广告宣传、推销产品、缴纳税款等。

2. 投资活动产生的现金流量

投资活动是指企业长期资产的购建和不包括在现金等价物范围内的投资及其处置活动。

3. 筹资活动产生的现金流量

筹资活动是指使企业资本及债务规模和构成发生变化的活动，包括吸收投资、发行股票、分配利润等。

对于企业日常活动之外不经常发生的特殊项目，如自然灾害损失、保险赔款、捐赠等，应当归并到现金流量表的相关类别中，并单独反映。

（四）现金流量表的编制方法

1. 经营活动产生的现金流量的编制方法

经营活动产生的现金流量是一项重要的指标，它可以说明企业在不动用从外部筹得资金的情况下，通过经营活动产生的现金流量是否足以偿还负债、支付股利和对外投资。经营活动产生的现金流量可以采用直接法和间接法两种方法反映。

直接法是通过现金流入和现金流出的主要类别来反映企业经营活动产生的现金流量。在我国，直接法下经营活动产生的现金流量，其现金流入可分为销售商品、提供劳务收到的现金，收到的税费返还，收到的其他与经营活动有关的现金等类别；现金流出可分为购买商品、接受劳务支付的现金，支付给职工以及为职工支付的现金，支付的各项税费，支付的其他与经营活动有关的现金等类别。

间接法是以本期净利润为起算点，调整不涉及现金的收入、费用、营业外收支等有关项目的增减变动，据此计算出经营活动产生的现金流量。采用直接法提供的信息有助于评价企业未来现金流量。国际会计准则鼓励企业采用直接法编制现金流量表。在我国，现金流量表也以直接法编制，但在现金流量表的附注补充资料中还要按照间接法反映经营活动现金流量的情况。

（1）直接法

采用直接法报告企业经营活动产生的现金流量时，各个现金流入与流出项目的数据可以从会计记录中直接获得，也可以在利润表上营业收入、营业成本等数据的基础上通过调整获得。

①“销售商品、提供劳务收到的现金”项目，反映企业销售商品、提供劳务实际收到的现金（含销售收入和应向购买者收取的增值税额），包括本期销售商品、提供劳务收到的现金，以及前期销售商品和前期提供劳务本期收到的现金和本期预收的账款，扣除本期销售本期退回的商品和前期销售本期退回的商品支付的现金。企业销售材料和代购代销业务收到的现金，也在本项目反映。

确定本项目的金额通常可以利润表上的“营业收入”项目为基础进行调整。

a. 由于该项目包括应向购买者收取的增值税销项税额，因此，应在营业收入的基础上加上本期的增值税销项税额。

b. 由于企业的商品销售和劳务供应往往并不都是现金交易，因而应加上应收账款与应收票据的减少数，或减去应收账款与应收票据的增加数。

c. 如果企业有预收货款业务，还应加上预收账款增加数，或减去预收账款减少数。

d. 如果企业采用备抵法核算坏账，且本期发生了坏账，或有坏账收回，则应减去本期确认的坏账，加上本期坏账收回。因为发生坏账减少了应收账款余额，但没有实际的现金流入；坏账收回有现金流入，但与营业收入无直接关系，且不影响应收账款余额。

e. 如果企业本期有应收票据贴现，发生了贴现息，则应减去应收票据贴现息，因为贴现息代表了应收票据的减少，但并没有相应的现金流入。

f. 如果企业发生了按税法规定应视同销售的业务，如将商品用于工程项目则应减去相应的销项税额，因为这部分销项税额没有相应的现金流入，也与应收账款或应收票据无关。

综合以上分析，可列出下列计算公式：

销售商品、提供劳务收到的现金 = 营业收入+销项税额-（经营性应收款项期末余额-经营性应收款项期初余额）+（预售账款期末余额-预售账款期初余额）-本期计提的坏账准备-应收票据贴现息-视同销售的销项税额 （6-4）

②“收到的税费返还”项目，反映企业收到返还的各种税费，如收到的增值税、消费税、所得税、教育费附加返还款等。

确定该项目的余额，需要分析“应交税费”科目下属各明细科目的贷方发生额。

③“收到其他与经营活动有关的现金”项目，反映企业除了上述各项目外收到的其他与经营活动有关的现金，如罚款收入、流动资产损失中由个人赔偿的现金收入等。其他与经营活动有关的现金，如价值较大，应单列项目反映。

该项目所包括内容比较复杂，要通过分析“库存现金”“银行存款”科目的借方发生额确定，由于没有固定的科目对应关系，分析起来有一定的难度。不过企业涉及此类现金流入的经济业务一般较少。

④“购买商品、接受劳务支付的现金”项目，反映企业因购买商品、接受劳务实际支付的现金，包括本期购买商品、接受劳务支付的现金（包括支付的增值税进项税额），以及本期支付前期购买商品、接受劳务的未付款项和本期预付款项。本期发生的购货退回收到的现金应从本项目内扣除。

确定本项目的金额通常以利润表上的“营业成本”项目为基础进行调整。

a. 由于本项目包括支付的增值税进项税额，因此，应在营业成本的基础上加上本期的增值税进项税额。

b. 营业成本与购买商品并无直接联系，就商品流通企业而言，营业成本加上存货增加数或减去存货减少数，便可大致确定本期购进商品的成本。

c. 本期购进商品成本并不等于本期购进商品支付的现金，因为可能存在赊购商品或预付货款的情形。故应加上应付账款与应付票据的减少数，或减去应付账款与应付票据的增加数；应加上预付账款的增加数，减去预付账款的减少数。

d. 对于工业企业来说，存货包括材料、在产品与产成品等，也就是说，存货的增加并非都与购进商品（材料）相联系，本期发生的应计入产品成本的工资费用、折旧费用等也会导致存货增加，但与商品购进无关，因而应进一步扣除计入本期生产成本的非材料费用。

e. 应调整其他与商品购进和商品销售无关的存货增减变动，主要包括存货盘亏与盘盈、用存货对外投资或接受存货投资等。

综合以上分析，可列出下列计算公式：

购买商品、接受劳务支付的现金=营业成本+进项税额-（存活期初余额-存货期末余额）+本期计提存货跌价准备+（经营性应付项目期余额-经营性应付项目期末余额）+（预付账款增加数-预付账款减少数）+（存货盘亏-存货盘盈）+（用于投资的存货成木-接受投资增加的存货）-计入本期生产成本的废材料费用

（6-5）

⑤“支付给职工以及为职工支付的现金”项目，反映企业实际支付给职工以及为职工支付的现金，包括本期实际支付给职工的工资、奖金、各种津贴和补贴等，以及为职工支付的其他费用。不包括支付的离退休人员的各项费用和支付给在建工程人员的工资等。企业支付给离退休人员的各项费用，在“支付其他与经营活动有关的现金”项目中反映；支付给在建工程人员的工资，在投资活动产生的现金流量部分的“购建固定资产、无形资产和其他长期资产支付的现金”项目中反映。

企业为职工支付的养老、失业等社会保险基金、补充养老保险、住房公积金、支付给职工的住房困难补助、企业为职工缴纳的商业保险金，以及企业支付给职工或为职工支付的其他福利费用等，应按职工的工作性质和服务对象，分别在本项目和“购建固定资产、无形资产和其他长期资产支付的现金”项目中反映。

⑥“支付的各项税费”项目，反映企业当期实际上缴税务部门的各种税金，以及支付的教育费附加等。

本项目的金额可通过分析“应交税费”科目下属的各明细科目的借方发生额计算得到。

⑦“支付其他与经营活动有关的现金”项目，反映企业除上述各项目外支付的其他与经营活动有关的现金，如罚款支出、支付的差旅费、业务招待费现金支出、支付的保险费等，其他与经营活动有关的现金，如价值较大的，应单列项目反映。

确定本项目的金额，可以在科目表上的“销售费用”与“管理费用”两个项目的基础上进行分析调整，扣除折旧费用、无形资产摊销等无相应现金流出的项目。

（2）间接法

间接法是以利润表上的净利润为出发点，调整确定经营活动产生的现金流量。在利润表中反映的净利润是按权责发生制确定的，其中有些收入、费用项目并没有实际发生经营活动的现金流入和流出，通过对这些项目的调整，即可将净利润调节为经营活动产生的现金流量。具体需要调整的项目可分为以下四大类：一是实际没有支付现金的费用；二是实际没有收到现金的收益；三是不属于经营活动的损益；四是经营性应收、应付项目的增减变动。将净利润调节为经营活动的现金流量需要调整的项目如下：

①“计提的资产减值准备”项目，反映企业本期计提的各项资产的减值准备。本项目可根据“资产减值损失”科目的记录填列。

②“固定资产折旧”项目，反映企业本期计提的折旧。本项目可根据“累计折旧”科目的贷方发生额分析填列。

③“无形资产摊销”和“长期待摊费用摊销”两个项目，分别反映企业本期摊入成本费用的无形资产的价值及长期待摊费用。这两个项目可根据“累计摊销”“长期待摊费用”科目的贷方发生额分析填列。

④“处置固定资产、无形资产和其他长期资产的损失（减：收益）”项目，反映企业本期由于处置固定资产、无形资产和其他长期资产而发生的净损失。本项目可根据“资产处置损益”“其他业务收入”“其他业务成本”科目所属有关明细科目的记录分析填列；如为净收益，以“-”号填列。

⑤“固定资产报废损失”项目，反映企业本期固定资产报废的净损失。本项目可根据“营业外支出”“营业外收入”科目所属有关明细科目分析填列。

⑥“公允价值变动损失”反映企业本期公允价值变动净损失。本项目可根

据利润表上的“公允价值变动收益”项目的数字填列，如为净收益，以“-”号填列。

⑦“财务费用”项目，反映企业本期发生的应属于筹资活动或投资活动的财务费用。本项目可根据“财务费用”科目的本期借方发生额分析填列；如为收益，以“-”号填列。

⑧“投资损失（减：收益）”项目，反映企业本期投资所发生的损失减去收益后的净损失。本项目可根据利润表上“投资收益”项目的数字填列；如为投资收益，以“-”号填列。

⑨“递延所得税资产减少”和“递延所得税负债增加”项目，分别反映企业本期与净利润相关的递延所得税资产减少和递延所得税负债增加。可分别根据资产负债表“递延所得税资产”“递延所得税负债”项目的期初、期末余额的差额分析填列。递延所得税资产的期末数小于期初数的差额，以及递延所得税负债的期末数大于期初数的差额，以正数填列；递延所得税资产的期末数大于期初数的差额，以及递延所得税负债的期末数小于期初数的差额，以“-”号填列。

⑩“存货的减少（减：增加）”项目，反映企业本期存货的减少（减：增加）。本项目可根据资产负债表上“存货”项目的期初、期末余额的差额填列；期末数大于期初数的差额，以“-”号填列。

⑪“经营性应收项目的减少（减：增加）”项目，反映企业本期经营性应收项目（包括应收账款、应收票据和其他应收款中与经营活动有关的部分及应收的增值税销项税额等）的减少（减：增加）。

⑫“经营性应付项目的增加（减：减少）”项目，反映企业本期经营性应付项目（包括应付账款、应付票据、应交税费、其他应付款中与经营活动有关的部分以及应付的增值税进项税额等）的增加（减：减少）。

2. 投资活动产生的现金流量的编制方法

现金流量表中的投资活动包括不属于现金等价物的短期投资和长期投资的购买与处置、固定资产的购建与处置、无形资产的购置与处置等。投资活动产生的现金流量应首先区分现金流入与现金流出，在此基础上再细分为若干项目。

（1）投资活动产生的现金流入

投资活动产生的现金流入可分为以下项目：

①“收回投资收到的现金”项目，反映企业出售、转让或到期收回除现金等价物以外的交易性金融资产、长期股权投资而收到的现金，以及收回长期债权投资本金而收到的现金。不包括长期债权投资收回的利息，以及收回的非现金资产。

②“取得投资收益收到的现金”项目，反映企业因各种投资而分得的现金股利、利润、利息等。

③“处置固定资产、无形资产和其他长期资产收回的现金净额”项目，反映企业处置固定资产、无形资产和其他长期资产所取得的现金，扣除为处置这些资产而支付的有关费用后的净额。由于自然灾害所造成的固定资产等长期资产损失而收到的保险赔偿收入，也在本项目反映。

④“收到其他与投资活动有关的现金”项目，反映企业除上述各项以外收到的其他与投资活动有关的现金。其他与投资活动有关的现金，如价值较大的，应单列项目反映。

（2）投资活动产生的现金流出

投资活动产生的现金流出可分为以下项目：

①“购建固定资产、无形资产和其他长期资产支付的现金”项目，反映企业购买、建造固定资产，取得无形资产和其他长期资产所支付的现金，不包括为购建固定资产而发生的借款利息资本化部分，以及融资租入固定资产支付的租赁费。支付的借款利息和融资租入固定资产支付的租赁费，应在筹资活动产生的现金流量部分单独反映。本项目可根据“固定资产”“在建工程”“无形资产”“库存现金”“银行存款”等科目的记录分析填列。

②“投资支付的现金”项目，反映企业对外进行权益性投资和债权性投资所支付的现金，包括企业取得的除现金等价物以外的交易性金融资产、长期股权投资、长期债权投资所支付的现金，以及支付的佣金、手续费等交易费用。本项目可根据“长期股权投资”“长期债权投资”“交易性金融资产”“库存现金”“银行存款”等科目的记录分析填列。

企业购买股票和债券时，实际支付的价款中包含的已宣告但尚未领取的现金股利或已到付息期但尚未领取的债券利息，应在投资活动产生的现金流量部分的“支付其他与投资活动有关的现金”项目中反映；收回购买股票和债券时支付的已宣告但尚未领取的现金股利或已到付息期但尚未领取的债券的利息，在投资活动产生的现金流量部分的“收到其他与投资活动有关的现金”项目反映。

③“支付其他与投资活动有关的现金”项目，反映企业除上述各项以外支付的其他与投资活动有关的现金。其他与投资活动有关的现金，如价值较大的，应单列项目反映。本项目可根据有关科目的记录分析填列。

3. 筹资活动产生的现金流量的编制方法

现金流量表需要单独反映筹资活动产生的现金流量。筹资活动产生的现金流量应首先区分现金流入与现金流出，在此基础上再细分为若干项目。

（1）筹资活动产生的现金流入

筹资活动产生的现金流入可分为以下三个项目：

①“吸收投资收到的现金”项目，反映企业收到的投资者投入的现金，包括企业以发行股票、债券等方式筹集资金时实际收到的款项净额。以发行股票、债券等方式筹集资金而由企业直接支付的审计、咨询等费用，在“支付其他与筹资活动有关的现金”项目中反映，不从本项目内扣除。本项目可根据“实收资本”（或“股本”）、“库存现金”“银行存款”等科目的记录分析填列。

②“取得借款收到的现金”项目，反映企业举借各种短期、长期借款所收到的现金。本项目可根据“短期借款”“长期借款”“库存现金”“银行存款”等科目的记录分析填列。

③“收到其他与筹资活动有关的现金”项目反映企业除上述各项目外收到的其他与筹资活动有关的现金，如接受现金捐赠等。其他与筹资活动有关的现金，如价值较大的，应单列项目反映。本项目可根据有关科目的记录分析填列。

（2）筹资活动产生的现金流出

筹资活动产生的现金流出可分为以下三个项目：

①“偿还债务支付的现金”项目，反映企业以现金偿还债务的本金，包括偿还金融企业的借款本金、偿还债券本金等所导致的现金流出。企业偿还的借款利息、债券利息，在“分配股利、利润或偿付利息支付的现金”项目中反映，不在本项目中反映。本项目可根据“短期借款”“长期借款”“应付债券”“库存现金”“银行存款”等科目的记录分析填列。

②“分配股利、利润和偿付利息支付的现金”项目，反映企业实际支付的

现金股利、利润，以及支付的借款利息和债券利息等。本项目可根据“应付股利”“财务费用”“长期借款”“应付债券”“库存现金”“银行存款”等科目的记录分析填列。

③“支付其他与筹资活动有关的现金”项目，反映企业除上述各项外所支付的其他与筹资活动有关的现金，如捐赠现金支出等。其他与筹资活动有关的现金，如价值较大的，应单列项目反映。本项目可根据有关科目的记录分析填列。

4. 附注披露补充资料

附注披露补充资料的内容取决于“经营活动产生的现金流量”部分是采用直接法还是间接法编制。

（1）直接法

如果“经营活动产生的现金流量”部分采用直接法编制，则补充资料部分需要反映以下三类内容：

①将净利润调节为经营活动现金流量。相当于提供按间接法反映的经营活动产生的现金流量。此处不赘述。

②不涉及现金收支的投资和筹资活动。该部分反映企业一定期间内影响资产或负债但不形成该期间现金收支的所有投资和筹资活动的信息。这些投资和筹资活动虽然不涉及现金收支，但对以后各期的现金流量有重大影响。不涉及现金收支的投资和筹资活动主要包括以下项目：

a.“债务转为资本”项目，反映企业本期转为资本的债务金额。

b.“一年内到期的可转换公司债券”项目，反映企业一年内到期的可转换公司债券的金额。

c.“融资租入固定资产”项目，反映企业本期融资租入固定资产“长期应付款”科目的金额。

③现金及现金等价物净增加情况。其基本公式是：

现金的期末余额-现金期初余额+现金等价物的期末余额-现金等价物的期初余额=现金及现金等价物净增加额 （6-6）

（2）间接法

如果“经营活动产生的现金流量”部分采用间接法编制，则补充资料部分只须反映以下两项内容：

①不涉及现金收支的投资与筹资活动。

②现金及现金等价物净增加情况。

这两项内容的具体列示方法与上述直接法相同。

（五）现金流量表编制方法举例

在具体编制现金流量表时，该表各项目的金额可以直接根据有关科目记录分析填列。在实际工作中，还可以运用其他技术手段，确定现金流量表各项目的金额。下面介绍两种常用的编制方法——工作底稿法与T形账户法的基本原理。

1. 工作底稿法

工作底稿法是以工作底稿为手段，以利润表和资产负债表数据为基础，对每一项目进行分析并在工作底稿上编制调整分录，据以确定现金流量表各项目的金额，从而编制现金流量表。在直接法下，工作底稿纵向分成三段：第一段是资产负债表项目，该段又分为借方项目和贷方项目两部分；第二段是利润表项目；第三段是现金流量表项目。工作底稿横向分为五栏，在资产负债表部分：第一栏是项目栏，填列资产负债表各项目名称；第二栏是期初数，填列资产负债表各项目的期初数；第三栏是调整分录的借方栏；第四栏是调整分录的贷方栏；第五栏是期末数，填列资产负债表项目的期末数。在利润表和现金流量表部分：第一栏也是项目栏，用来填列利润表和现金流量表项目名称；第二栏空置不填；第三、四栏分别是调整分录的借方栏和贷方栏；第五栏是本期数，利润表部分这一栏数字应和本期利润表数字一致，现金流量表部分这一栏的数字根据相应项目的借方、贷方栏的数据计算确定，用于编制正式的现金流量表。

运用工作底稿法可按以下步骤进行：

第一步，将资产负债表各项目的期初数和期末数过入工作底稿的期初数栏和期末数栏；将利润表各项目的本期数过入工作底稿的本期数栏。

第二步，对当期业务进行分析并编制调整分录。调整分录大体有以下三类：第一类涉及利润表中的收入、费用项目以及资产负债表中的资产、负债及所有者权益项目，通过调整，将权责发生制下的收入与费用转换为收付实现制下经营活动的现金流入与流出；第二类涉及资产负债表和现金流量表中的投资、筹资项目，反映投资和筹资活动的现金流量；第三类涉及利润表和现金流量表中的投资和筹资项目，目的是将利润表中与投资和筹资活动有关的收入和费用转换为相关的现金流入与流出并列入现金流量表中投资活动或筹资活动产生的现金流量。此外，还有一些调整分录并不涉及现金收支，只是为了核对资产负债表有关项目的期末数变动。

在调整分录中，涉及现金增减的事项，并不直接借记或贷记现金，而是分别记入经营活动产生的现金流量、投资活动产生的现金流量和筹资活动产生的现金流量中的有关项目，借记表明现金流入，贷记表明现金流出。

第三步，将调整分录过入工作底稿中的相应项目。

第四步，核对调整分录，借方栏合计数与贷方栏合计数应当相等；资产负债表各项目期初数加减调整分录中的借贷方金额以后，应当等于期末数；利润表各项目的借贷方金额加减后的结果应当等于本期数。

第五步，根据工作底稿中现金流量表部分各项目的借贷方金额计算确定各项目的本期数，据以编制正式的现金流量表。

2. T 形账户法

T 形账户法是以 T 形账户为手段，以利润表和资产负债表数据为基础，对每一项目进行分析并编制调整分录，从而编制出现金流量表。采用 T 形账户法编制现金流量表的程序如下：

第一步，为所有的非现金项目（包括资产负债表项目和利润表项目）分别开设 T 形账户，并将各自的期末、期初变动数过入各该科目。

第二步，开设一个大的“现金及现金等价物”T 形账户，账户左右两边各分为经营活动、投资活动和筹资活动三个部分，左边记现金流入，右边记现金流出，并与其他账户一样，过入期末、期初变动数。

第三步，以利润表项目为基础，结合资产负债表分析每一个非现金项目的增减变动，并据此编制调整分录。

第四步，将调整分录过入各 T 形账户并进行核对，该账户借贷相抵后的余额与原先过入的期末、期初变动数应当一致。

第五步，根据大的“现金及现金等价物”T 形账户编制正式的现金流量表。

第三节 财务报表附注

一、附注的性质与作用

附注是财务报表不可或缺的组成部分，报表使用者了解企业的财务状况、经营成果和现金流量，应当全面阅读附注，附注相对于报表而言同样重要。附注应当按照一定的结构进行系统合理的排列和分类，有顺序地披露信息。

二、附注的内容

按照我国企业会计准则的规定，报表附注中至少应披露下列内容，但是非重要项目除外。

（一）企业的基本情况

1. 企业注册地、组织形式和总部地址。
2. 企业的业务性质和主要经营活动。
3. 母公司以及集团最终母公司的名称。
4. 财务报告的批准报出者和财务报告批准报出日，以及按照有关法律、行政法规等规定，企业所有者或其他方面有权对报出的财务报告进行修改的事实。

（二）财务报表的编制基础

1. 会计年度。
2. 记账本位币。
3. 会计计量所运用的计量属性。
4. 现金和现金等价物的构成。

（三）遵循企业会计准则的声明

企业应当明确说明编制的财务报表符合企业会计准则的要求，真实、公允地反映了企业的财务状况、经营成果和现金流量等有关信息。

（四）重要会计政策和会计估计

企业应当披露重要的会计政策和会计估计，不具有重要性的会计政策和会计估计可以不披露。判断会计政策和会计估计是否重要，应当考虑与会计政策或会计估计相关项目的性质和金额。

企业应当披露会计政策的确定依据。例如如何判断持有的金融资产为持有至到期投资而不是交易性投资；对于拥有的持股不足50%的企业，如何判断企业拥有控制权并因此将其纳入合并范围；如何判断与租赁资产相关的所有风险和报酬已转移给企业；投资性房地产的判断标准等。这些判断对报表中确认的项目金额具有重要影响。

企业应当披露会计估计中所采用的关键假设和不确定因素的确定依据。例如固定资产可收回金额的计算需要根据其公允价值减去处置费用后的净额与预计未来现金流量的现值两者之间的较高者确定，在计算资产预计未来现金流量的现值时需要对未来现金流量进行预测，选择适当的折现率，并应当在附注中披露未来现金流量预测所采用的假设及其依据、所选择的折现率的合理性等。

企业应当披露的重要会计政策包括一下方面：

1. 存货

（1）确定发出存货成本所采用的方法。

（2）可变现净值的确定方法。

（3）存货跌价准备的计提方法。

2. 固定资产

（1）固定资产的确认条件和计量基础。

（2）固定资产的折旧方法。

3. 无形资产

（1）使用寿命有限的无形资产使用寿命的估计情况。

（2）使用寿命不确定的无形资产使用寿命不确定的判断依据。

（3）无形资产的摊销方法。

（4）企业判断研发项目支出满足资本化条件的依据。

4. 资产减值

（1）资产或资产组可收回金额的确定方法。

（2）可收回金额按照资产组的公允价值减去处置费用后的净额确定的，确定公允价值减去处置费用后的净额的方法、所采用的各关键假设及其依据。

（3）可收回金额按照资产组预计未来现金流量的现值确定的，预计未来现金流量的各关键假设及其依据。

（4）分摊商誉到不同资产组采用的关键假设及其依据。

5. 股份支付

权益工具公允价值的确定方法。

6. 收入

收入确认所采用的会计政策，包括确定提供劳务交易完工进度的方法。

7. 所得税

确认递延所得税资产的依据。

（五）会计政策和会计估计变更以及差错更正的说明

1. 会计政策变更的性质、内容和原因。

2. 当期和各个列报前期财务报表中受影响的项目名称和调整金额。

3. 会计政策变更无法进行追溯调整的事实和原因以及开始应用变更后的会计政策的时点、具体应用情况。

4. 会计估计变更的内容和原因。

5. 会计估计变更对当期和未来期间的影响金额。

6. 会计估计变更的影响数不能确定的事实和原因。

7. 前期差错的性质。

8. 各个列报前期财务报表中受影响的项目名称和更正金额；前期差错对当期财务报表也有影响的，还应披露当期财务报表中受影响的项目名称和金额。

9. 前期差错无法进行追溯重述的事实和原因以及对前期差错开始进行更正的时点、具体更正情况。

（六）重要报表项目的说明

企业应当尽可能以列表的形式披露重要报表项目的构成或当期增减变动情

况。对重要报表项目的明细说明，应当按照资产负债表、利润表、现金流量表、所有者权益变动表的顺序以及报表项目列示的顺序进行披露，应当以文字和数字描述相结合的形式进行披露，并与报表项目相互参照。下面介绍部分重要报表项目的说明。

1. 货币资金

该项目的说明如表 6-5 所示。

表 6-5 货币资金

项目	期末余额	年初余额
库存现金		
银行存款		
其他货币资金		
合计		

2. 应收款项

（1）说明坏账的确认标准，以及坏账准备的计提方法和计提比例，并说明下列事项：

①以前年度已全额计提坏账准备，或计提坏账准备的比例较大的，但在本年度又全额或部分收回的，或通过重组等其他方式收回的，应说明其原因，原估计计提比例的理由，以及原估计计提比例的合理性。

②本年度实际冲销的应收款项及其理由，其中，实际冲销的关联交易产生的应收款项应单独披露。

（2）应收账款、预付账款、其他应收款分别计提的坏账准备如表 6-6 所示。

表 6-6 坏账准备

账龄	期末余额			年初余额		
	金额	比例（%）	坏账准备	金额	比例（%）	坏账准备
1 年以内						
1~2 年						
2~3 年						
3 年以上						

续表

账龄	期末余额			年初余额		
	金额	比例（%）	坏账准备	金额	比例（%）	坏账准备
合计						

3. 金融资产

以公允价值计量且其变动计入当期损益的金融资产（不含衍生金融资产）的说明如表 6-7 所示。

表 6-7 金融资产

项目	期末余额	年初余额
1. 交易性债券投资		
2. 交易性权益工具投资		
3. 其他交易性金融资产		
4. 指定为以公允价值计量且其变动计入当期损益的金融资产		
……		
合计		

4. 存货

（1）本期存货跌价准备计提和转回的原因。

（2）用于担保的存货的账面价值。

（3）存货的具体构成，如表 6-8 所示。

表 6-8 存货表

存货种类	期末账面价值	年初账面价值
1. 原材料		
2. 在产品		
3. 库存商品		
4. 包装物及低值易耗品		
合计		

5. 长期股权投资

（1）投资企业对被投资单位具有重大影响的，应披露被投资单位清单及其主要财务信息，如表 6-9 所示。

表 6-9　投资单位清单

被投资单位名称	注册地业务	性质	本企业持股比例	本企业在被投资单位表决权比例	期末资产总额	期末负债总额	本期营业收入总额	当期净利润
1.								
2.								
……								

（2）如果被投资单位由于所在国家或地区及其他方面的影响，其向投资企业转移资金的能力受到限制，应披露所受限制的具体情况、原因、期限等。

（3）按照权益法核算的长期股权投资，在对被投资单位的长期权益减记至零以后，如果仍存在账外备查登记的额外损失，应披露该额外损失的累计金额及当期未予确认的金额。

（4）如果投资合同或协议中约定，对于被投资单位发生的亏损，投资企业除了已投入资本及其他实质上构成投资的权益外，还应承担其他弥补义务的，应披露合同或协议中约定条款的内容，以及基于被投资单位目前生产经营情况估计或能承担该部分义务的情况。

6. 长期应收款

该项目的说明如表 6-10 所示。

表 6-10　长期应收款

项目	年初余额		本期增加额		本期减少额		期末余额	
	应收金额	未实现融资收益	应收金额	未实现融资收益	应收金额	未实现融资收益	应收金额	未实现融资收益
1.								
2.								
……								
合计								

7. 固定资产

（1）固定资产的分类、使用寿命、预计净残值和折旧率，如表 6-11 所示。

表 6-11 固定资产表

固定资产的种类	使用寿命	预计净残值	折旧率
1. 房屋、建筑物			
2. 机器设备			
3. 运输工具			

（2）各类固定资产的年初和期末原价、累计折旧额及固定资产减值准备累计金额，如表 6-12 所示。

表 6-12 各类固定资产详表

项目	年初余额	本期增加额	本期减少额	期末余额
一、原价合计				
其中：房屋、建筑物				
机器设备				
运输工具				
……				
二、累计折旧合计				
其中：房屋、建筑物				
机器设备				
运输工具				
……				
三、固定资产减值准备累计金额合计				
其中：房屋、建筑物				
机器设备				
运输工具				
……				
四、固定资产账面价值合计				
其中：房屋、建筑物				
机器设备				
运输工具				
……				

（3）对固定资产所有权的限制及其金额和用于债务担保的固定资产账面价值。

（4）准备处置的固定资产名称、账面价值、公允价值、预计处置费用和预计处置时间等。

8. 无形资产

（1）每一类无形资产的名称（如商标权、专利权、土地使用权等）及取得方式（外购或内部开发）。

（2）每一类无形资产的使用寿命情况，对于使用寿命有限的无形资产，其使用寿命或构成使用寿命的产量等类似计量单位数量；对于使用寿命不确定的无形资产，无法预见其为企业带来经济利益期限的原因。

（3）对于使用寿命有限的无形资产，其为企业带来经济利益的方式及在此基础上确定的摊销方法。

（4）按表6-13填列当期每一类无形资产的增减变动情况。

表6-13　无形资产表

项目	无形资产成本	当期摊销额	当期计提减值准备	累计摊销额	累计减值准备	期末账面价值
1. 2. ……						
当期增加无形资产						
1. 2. ……						
当期减少无形资产						
1. 2. ……						
合计						

（5）用于担保的无形资产的成本、累计摊销额及无形资产减值准备累计金额；涉及担保条款的主要内容，如担保期限；担保期间对该无形资产处置的限制等。

9. 开发支出

该项目的说明如表6-14所示。

表 6-14 开发支出表

研究开发项目	年初余额	本期发生额	本期转出额		期末余额
			计入无形资产	计入当期损益	
1.					
2.					
……					
合计					

10. 资产减值准备

该项目的说明如表 6-15 所示。

表 6-15 资产减值准备

项目	期初余额	本期计提额	本期减少额		期末余额
			转回额	转出额	
一、坏账准备合计					
其中：应收账款					
其他应收款					
长期应收款					
二、存货跌价准备合计					
其中：库存商品					
原材料					
三、长期债权投资减值准备					
四、长期股权投资减值准备					
五、固定资产减值准备合计					
其中：房屋、建筑物					
机器设备					
六、工程物资减值准备					
七、在建工程减值准备					
八、无形资产减值准备					
其中：专利权					
商标权					
九、商誉减值准备					

11. 职工薪酬

（1）应付职工薪酬。该项目的说明如表 6-16 所示。

表 6-16　应付职工薪酬

项目	期初余额	本期发生额	本期支付额	期末余额
一、工资、奖金、津贴和补贴				
二、社会保险费				
1. 医疗保险费				
2. 基本养老保险费				
3. 年金缴费				
4. 失业保险费				
5. 工伤保险费				
6. 生育保险费				
三、住房公积金				
四、工会经费和职工教育经费				
五、因解除劳动关系给予的补偿				
六、其他				
其中：以现金结算的股份支付				
合计				

（2）企业本期为职工提供的非货币性福利的形式、各项非货币性福利的金额及其计算依据。

（3）解除劳动关系的补偿。对于自愿接受裁减建议的职工数量、补偿标准等不确定而产生的或有负债，应当按照《企业会计准则第 13 号——或有事项》披露：该项或有负债的形成原因、经济利益流出不确定性的说明、该项或有负债预计产生的财务影响，以及获得补偿的可能性；无法预计的，应当说明原因。

12. 应交税费

该项目的说明如表 6-17 所示。

表 6-17 应交税费

税费项目	期末余额	年初余额
1. 增值税 2. 消费税 3. 所得税 4. 资源税 5. 教育费附加 ……		
合计		

13. 长期应付款

该项目的说明如表 6-18 所示。

表 6-18 长期应付款

项目	年初余额	本期增加额		本期减少额		期末余额		
	应付金额	未确认融资费用	应付金额	未确认融资费用	应付金额	未确认融资费用	应付金额	未确认融资费用
1 2 ……								
合计								

14. 营业收入

营业收入的构成如表 6-19 所示。

表 6-19 营业收入

项目	本期发生额	上期发生额
1. 主营业务收入 2. 其他业务收入		
合计		

15. 资产减值损失

（1）发生重大资产减值损失的，说明导致每项重大资产减值损失的原因和当期确认的重大资产减值损失的金额。

①发生重大减值损失的资产是单项资产的，说明该单项资产的性质。提供分部报告信息的，还应披露该项资产所属的主要报告分部。

②发生重大减值损失的资产是资产组（或者资产组组合，下同）的，说明资产组的基本情况；资产组中所包括的各项资产于当期确认的减值损失金额；资产组的组成与前期相比发生变化的，说明变化的原因以及前期和当期资产组的组成情况。

（2）分摊到某资产组的商誉（或者使用寿命不确定的无形资产，下同）的账面价值占商誉账面价值总额的比例重大的，应当说明分摊到该资产组的商誉的账面价值。

商誉的全部或者部分账面价值分摊到多个资产组且分摊到每个资产组的商誉的账面价值占商誉账面价值总额的比例不重大的，企业应当说明这一情况以及分摊到上述资产组的商誉合计金额。

16. 营业外收入

该项目的说明如表 6-20 所示。

表 6-20　营业外收入

项目	本期发生额	上期发生额
1. 债务重组损失		
2. 公益性捐赠支出		
3. 非常损失		
4. 盘亏损失		
5. 非流动资产毁损报废损失		
6. 其他		
合计		

17. 营业外支出

该项目的说明如表 6-21 所示。

表 6-21 营业外支出

项目	本期发生额	上期发生额
1. 债务重组损失		
2. 公益性捐赠支出		
3. 非常损失		
4. 盘亏损失		
5. 非流动资产毁损报废损失		
6. 其他		
合计		

18. 所得税

以会计利润为基础，针对企业发生的交易或事项的会计处理与税务处理的差异进行调整后，确定应纳税所得额的具体情况。如表 6-22 所示。

表 6-22 所得税

项目	本期发生额	上期发生额
会计利润		
加计项目合计		
减计项目合计		
应纳税所得额		

19. 利润表补充资料（费用性质法）

企业可以披露费用按照性质分类的利润表补充资料，如表 6-23 所示。费用按照性质分类，指将费用按其性质分为耗用的原材料、职工薪酬费用、折旧费、摊销费等，而不是按照费用在企业所发挥的不同功能分类。

表 6-23 利润表补充资料

项目	本期发生额	上期发生额
1. 耗用的原材料、低值易耗品、在产品、半成品等		
2. 发生的职工薪酬费用		
3. 计提的折旧（折耗）		

续表

项目	本期发生额	上期发生额
4. 无形资产等的摊销		
5. 计提的资产减值准备		
6. 财务费用		
7. 其他		
合计		

20. 借款费用

（1）当期资本化的借款费用金额。

（2）当期用于计算确定借款费用资本化金额的资本化率。

21. 每股收益

（1）基本每股收益和稀释每股收益其分子、分母的计算过程。

（2）列报期间不具有稀释性但以后期间很可能具有稀释性的潜在普通股。

（3）在资产负债表日至财务报告批准报出日之间，企业发行在外的普通股或潜在普通股股数发生重大变化的情况。例如股份发行、股份回购、潜在普通股发行、潜在普通股转换或行权等。

（七）或有和承诺事项的说明

1. 预计负债的种类、形成原因以及经济利益流出不确定性的说明。

2. 与预计负债有关的预期补偿金额和本期已确认的预期补偿金额。

3. 或有负债的种类、形成原因及经济利益流出不确定性的说明。

4. 或有负债预计产生的财务影响，以及获得补偿的可能性；无法预计的，应当说明原因。

5. 或有资产很可能会给企业带来经济利益的，其形成的原因、预计产生的财务影响等。

6. 在涉及未决诉讼、未决仲裁的情况下，披露全部或部分信息预期对企业造成重大不利影响的，该未决诉讼、未决仲裁的性质以及没有披露这些信息的事实和原因。

（八）资产负债表日后事项的说明

每项重要的资产负债表日后非调整事项的性质、内容，及其对财务状况和经营成果的影响。无法做出估计的，应当说明原因。

（九）关联方关系及其交易的说明

1. 母公司和子公司的名称。母公司不是该企业最终控制方的，说明最终控制方名称。母公司和最终控制方均不对外提供财务报表的，说明母公司之上与其最相近的对外提供财务报表的母公司名称。

2. 母公司和子公司的业务性质、注册地、注册资本（或实收资本、股本）及其当期发生的变化。

3. 公司对该企业或者该企业对子公司的持股比例和表决权比例。

4. 企业与关联方发生关联方交易的，该关联方关系的性质、交易类型及交易要素。交易要素至少应当包括以下四种：

（1）交易的金额。

（2）未结算项目的金额、条款和条件，以及有关提供或取得担保的信息。

（3）未结算应收项目的坏账准备金额。

（4）定价政策。

5. 企业应当分别关联方以及交易类型披露关联方交易。

参考文献

[1] 安玉琴，孙秀杰，宋丽萍. 财务管理模式与会计审计工作实践［M］. 北京：中国纺织出版社，2023.

[2] 蔡智慧，绳朋云，施全艳. 现代会计学与财务管理的创新研究［M］. 北京：中国商务出版社，2023.

[3] 代冰莹，雷舒靓，樊姣姣. 财务会计在企业中的应用研究［M］. 北京：中国商务出版社，2023.

[4] 徐晓鹏. 大数据与智能会计分析［M］. 重庆：重庆大学出版社，2023.

[5] 甄阜铭. 大数据与智能会计［M］. 沈阳：东北财经大学出版社，2023.

[6] 窦巧梅. 大数据背景下的财务分析与管理研究［M］. 北京：中国商务出版社，2023.

[7] 郭亿方，宁丽鹏，杨志欣. 财务会计与管理研究［M］. 延吉：延边大学出版社，2022.

[8] 邱涵，张丽，李晨光. 智能时代财务会计管理转型研究［M］. 延吉：延边大学出版社，2022.

[9] 尹燕婷，范玲. 企业会计监管与财务管理［M］. 延吉：延边大学出版社，2022.

[10] 袁健，陈俊松，李群. 财务会计精细化管理工作与实践［M］. 长春：吉林人民出版社，2022.

[11] 李明慧. 财务管理与会计实践创新研究［M］. 北京：中国原子能出版社，2022.

[12] 吴国强. 财务管理与金融会计理论运用［M］. 长春：吉林出版集团股份有限公司，2022.

［13］赵颖，郑望，白云霞. 现代会计与财务管理的多维探索［M］. 长春：吉林人民出版社，2022.

［14］柴慈蕊，赵娴静. 财务共享服务下管理会计信息化研究［M］. 长春：吉林人民出版社，2022.

［15］龙敏，黄叙. 财务管理［M］. 成都：四川大学出版社，2022.

［16］王攀娜，熊磊. 企业财务管理［M］. 重庆：重庆大学出版社，2022.

［17］许本锋. 大数据与管理会计［M］. 北京：经济日报出版社，2022.

［18］令伟锋，任昊源，孙美娇. 商业伦理与会计职业道德［M］. 北京：北京理工大学出版社，2022.

［19］孙吉，茹晨茜. 资本市场与财务会计问题研究［M］. 延吉：延边大学出版社，2022.

［20］赵磊，杨秋歌，杨晓征. 财务会计管理研究［M］. 长春：吉林出版集团股份有限公司，2021.

［21］解勤华，王春峰，李璇. 财务管理与会计实践研究［M］. 长春：吉林出版集团股份有限公司，2021.

［22］景静. 财务会计与企业管理研究［M］. 北京：北京工业大学出版社，2021.

［23］郭艳蕊，李果. 现代财务会计与企业管理［M］. 天津：天津科学技术出版社，2021.

［24］陶燕贞，李芸屹. 财务管理与会计内部控制研究［M］. 长春：吉林人民出版社，2021.

［25］杨启浩，张菊，李彩静. 现代企业财务管理与管理会计的融合发展［M］. 长春：吉林科学技术出版社，2021.

［26］郭昌荣. 财务会计及其创新研究基于管理视角［M］. 北京：中国商业出版社，2021.

［27］刘娜，宋艳华. 财务管理［M］. 北京：北京理工大学出版社，2021.

［28］邹娅玲，肖梅崚. 财务管理［M］. 重庆：重庆大学出版社，2021.

［29］王勇，刘砚华，崔伟. 基础会计［M］. 北京：北京理工大学出版社，2021.

［30］夏迎峰，陈雅宾，田冉黎. 企业财务会计［M］. 北京：北京理工大学出版社，2021.

[31] 胡云慧，史彬芳，王浩. 财务会计与审计管理［M］. 长春：吉林科学技术出版社，2020.
[32] 蔡维灿. 财务管理［M］. 北京：北京理工大学出版社，2020.
[33] 段春明，柳延峥. 财务会计制度设计［M］. 沈阳：东北财经大学出版社，2020.
[34] 张佃淑，张玉香，郭玲. 企业财务会计［M］. 济南：济南出版社，2020.
[35] 邹丽，伍丽雅. 管理会计［M］. 重庆：重庆大学出版社，2020.
[36] 杨立. 管理会计［M］. 北京：机械工业出版社，2020.
[37] 陈湘州. 财务会计与管理决策［M］. 天津：天津人民出版社，2019.
[38] 张丽，赵建华，李国栋. 财务会计与审计管理［M］. 北京：经济日报出版社，2019.
[39] 吴朋涛，王子烨，王周. 会计教育与财务管理［M］. 长春：吉林人民出版社，2019.
[40] 安存红，周少燕. 管理视角下的财务会计新论［M］. 延吉：延边大学出版社，2019.
[41] 朱竞. 会计信息化环境下的企业财务管理转型与对策［M］. 北京：经济日报出版社，2019.
[42] 朱慧，陈雯，寸银焕. 财务会计［M］. 成都：电子科技大学出版社，2019.
[43] 陈宣君. 财务管理［M］. 成都：西南交通大学出版社，2019.
[44] 袁晓文. 财务会计学［M］. 上海：上海财经大学出版社，2019.
[45] 牛彦秀. 管理会计［M］. 上海：上海财经大学出版社，2019.
[46] 王桂华，李玉华. 管理会计［M］. 北京：北京理工大学出版社，2019.